公認会計士試験

短答式試験対策シリーズ

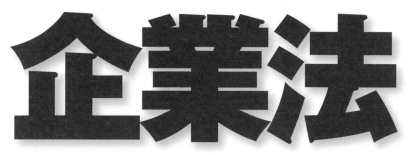

TAC公認会計士講座

 BASIC ベーシック問題集

JN002209

TAC出版

TAC PUBLISHING Group

CERTIFIED PUBLIC ACCOUNTANT

はじめに

　本書は，公認会計士試験の短答式試験対策を本格的に始められた方々を対象に，苦手論点の克服や，直前期の再確認のために，試験科目4科目のエッセンスを抽出し，試験や出題範囲全体の見通しを立てやすいように編集した問題集です。

　短答式試験対策を始められた方は，以下のような目標を設定して，本書に載っている問題に挑戦してみてください。たとえば，1回目は自分の弱点・知らなかった論点を見つける。2回目は解けなかった問題を中心に弱点となっている分野の充実を図る。3回目はより短い時間で解くためのコツをつかむ。

　また，苦手論点を克服したい方はその論点を集中的に，さらに，直前期の再確認としては確実性と時間を意識して，問題に取り組まれるとよいでしょう。

　短答式試験に合格するための最短の道は基本をしっかりと身につけることです。そこで本書では，これまでTAC公認会計士講座において短答式答案練習で出題してきた問題を中心として，各分野の重要性を十分に吟味し，基礎レベルをマスターできる問題を厳選収載しています。

　短答式試験合格のため，ぜひ本書をご活用ください。

ＴＡＣ公認会計士講座

　本書執筆にあたっては，令和5年4月1日現在有効な法令に準拠しています。

目　　次

v

◆凡例

1. 本書では，原則として，会社法（平成17年法86号）の条文は，条文数のみで
引用している。たとえば，(104条)は(会社法104条)の意味であり，(第2編第4
章第1節第1款)は(会社法第2編第4章第1節第1款)の意味である。そし
て，会社法以外の商法，金融商品取引法，民法，手形法，小切手法，商業登
記法などについては，法令名および条文数を引用した。ただし，同一問題の
解説のなかで，会社法，商法，金融商品取引法などの多くの法令を引用し混
乱するおそれがある場合には，会社法についても法令名および条文数を引用
している。なお，問題文は，本試験同様，法令名および条文数を引用してい
る。

① 条文数のみ＝会社法（平成17年法86号）

② 商法＝商法（平成17年改正後）

③ 改正前商法＝平成17年改正前商法

④ 旧有限会社法＝平成17年廃止前有限会社法

2. 判例の引用については，次の方式に従っている。

① 大判大9.11.15＝大正9年11月15日大審院判決

② 大判昭14.2.18＝昭和14年2月18日大審院判決

③ 最判昭38.12.6＝昭和38年12月6日最高裁判所判決

④ 最判平9.1.28＝平成9年1月28日最高裁判所判決

問 題 編

Certified Public Accountant

　会社に関する次の記述のうち，正しいものの組合せとして最も適切な番号を一つ選びなさい。

ア．最高裁判所の判例によれば，会社の権利能力は，定款に定めた目的によって制限を受けるが，これは定款に明示された目的自体に限られる。

イ．会社の権利能力は，その性質や法令によって制限を受けることはない。

ウ．会社は，法定の要件が満たされれば，設立登記によって当然に成立する。

エ．会社は，いったん成立しても裁判所の命令により解散させられることがある。

　　1．アイ　2．アウ　3．アエ　4．イウ　5．イエ　6．ウエ

問題 2 **会社②**

　会社の基本概念に関する次の記述のうち，正しいものの組合せとして最も適切な番号を一つ選びなさい。

ア．一人会社は，株式会社に限って認められる。

イ．合名会社においては，利益なき配当も違法ではない。

ウ．会社は，他の会社の無限責任社員となることができる。

エ．会社は，解散によりすべての範囲の権利能力を失う。

　　1．アイ　　2．アウ　　3．アエ　　4．イウ　　5．イエ　　6．ウエ

会社法における用語の意義に関する次の記述のうち，正しいものの組合せとして最も適切な番号を一つ選びなさい。

ア．会社とは，株式会社，合名会社，合資会社又は合同会社をいう。

イ．公開会社とは，譲渡制限株式を発行していない株式会社をいう。

ウ．大会社とは，最終事業年度に係る貸借対照表に資本金として計上した額が5億円以上である株式会社のみをいう。

エ．定款に2以上の種類の株式を発行する旨の定めがあれば，現実に2以上の種類の株式を発行していなくても，種類株式発行会社である。

1．アイ　2．アウ　3．アエ　4．イウ　5．イエ　6．ウエ

問題 4 株式会社の設立

　株式会社の設立に関する次の記述のうち，正しいものの組合せとして最も適切な番号を一つ選びなさい。

ア．株式会社を設立するには，発起人が設立時発行株式の全部を引き受けなければならない。

イ．発起人の資格に制限はなく，法人も発起人となることができる。

ウ．各発起人は，株式会社の設立に際し，設立時発行株式を1株以上引き受けなければならない。

エ．設立時発行株式のうち，会社成立後もなお引受けのないものがあるときは，発起人と設立時取締役が共同して引き受けたものとみなされる。

　　1．アイ　2．アウ　3．アエ　4．イウ　5．イエ　6．ウエ

問題 5　設立における出資

　株式会社の設立に関する次の記述のうち，正しいものの組合せとして最も適切な番号を一つ選びなさい。

ア．発起人以外の者は，現物出資者となることができない。

イ．株式会社への出資は金銭等の財産に限られ，労務や信用を出資することはできない。

ウ．出資の履行をすることにより設立時発行株式の株主となる権利は，譲渡することができない。

エ．設立に際して払い込まれた金銭は，その全額を資本金としなければならない。

　　1．アイ　2．アウ　3．アエ　4．イウ　5．イエ　6．ウエ

問題 **6**　　株式会社の設立の瑕疵

　株式会社の設立の瑕疵に関する次の記述のうち，正しいものの組合せとして最も適切な番号を一つ選びなさい。

ア．株式会社の設立の無効は，会社成立の日から2年以内に，株主のみが，訴えを提起することによって主張することができる。
イ．株式会社の設立を無効とする判決は，設立時に遡って効力を生じる。
ウ．発起人は，株式会社成立後は，錯誤，詐欺又は強迫を理由として設立時発行株式の引受けの取消しをすることができない。
エ．株式会社が成立しなかったときは，発起人は，連帯して，株式会社の設立に関してした行為について責任を負う。

　　1．アイ　　2．アウ　　3．アエ　　4．イウ　　5．イエ　　6．ウエ

II株式会社の設立

自益権・共益権

株主の権利に関する次の記述のうち，正しいものの組合せとして最も適切な番号を一つ選びなさい。

ア．株主総会における議決権は，自らの利益を株主総会において追求するためのものであるから，自益権である。

イ．少数株主権とは，会社の総株主の議決権の一定数以上の議決権を有する株主でなければ行使できない権利である。

ウ．剰余金配当請求権は，株主に会社に対する剰余金の配当を請求しうる権利を認めるものであるから，自益権である。

エ．すべての自益権は，1株の株主でも行使できる単独株主権である。

  1．アイ　2．アウ　3．アエ　4．イウ　5．イエ　6．ウエ

株主平等の原則

株主平等の原則に関する次の記述のうち，正しいものの組合せとして最も適切な番号を一つ選びなさい。

ア．株式会社は，株主を，その有する株式の内容及び数に応じて，平等に取り扱わなければならない。

イ．株主平等の原則に反する内容の株主総会の決議は，法的安定性の見地から，決議取消しの訴えによる取消しを経て初めて無効となる。

ウ．株主を不平等に取り扱う行為があれば，不利益な待遇を受ける株主の承認があっても，当該行為が有効と認められることはない。

エ．公開会社でない株式会社は，株主総会における議決権について，株主ごとに異なる取扱いをすることを定款で定めることができる。

　1．アイ　2．アウ　3．アエ　4．イウ　5．イエ　6．ウエ

Ⅲ
株
式

単元株制度

単元株に関する次の記述のうち，正しいものの組合せとして最も適切な番号を一つ選びなさい。

ア．株式会社が，単元株制度を採用するには，定款に，1単元の株式数を定めなければならないが，1単元の株式数の上限は法務省令で定める数を超えることができない。
イ．株式会社は，取締役の決定(取締役会設置会社にあっては，取締役会の決議)によって，単元株式数についての定款の定めを廃止することができる。
ウ．種類株式発行会社における単元株式数は，すべての種類株式に共通に定めなければならない。
エ．単元未満株式は，原則として譲渡することができないが，例外的に譲渡できる場合がある。

　1．アイ　2．アウ　3．アエ　4．イウ　5．イエ　6．ウエ

　取締役会設置会社でない株式会社の株式に関する次の記述のうち，正しいもの
の組合せとして最も適切な番号を一つ選びなさい。

ア．株式の消却をするには，必ず株主総会の決議が必要である。
イ．株式の併合をするには，必ず株主総会の決議が必要である。
ウ．株式の分割をするには，必ず株主総会の決議が必要である。
エ．株式無償割当てをするには，必ず株主総会の決議が必要である。

　1．アイ　　2．アウ　　3．アエ　　4．イウ　　5．イエ　　6．ウエ

Ⅲ
株

式

次の記述のうち，株式会社がその発行する全部の株式の内容として定款で定めることができる事項の組合せとして最も適切な番号を一つ選びなさい。

ア．譲渡による株式の取得について，株式会社の承認を要するとの定め。

イ．定款で定めた事項に限り，株主総会で議決権を行使することができるとの定め。

ウ．株式会社が一定の事由が生じたことを条件として，株式を取得することができるとの定め。

エ．株式会社が株主総会の決議によって，株式の全部を取得することができるとの定め。

　　1．アイ　　2．アウ　　3．アエ　　4．イウ　　5．イエ　　6．ウエ

<u>**異なる種類の株式**</u>

　種類株式に関する次の記述のうち，正しいものの組合せとして最も適切な番号を一つ選びなさい。

ア．株式会社が種類株式を発行するためには，会社法が定める一定の事項を，定款で定め，かつ，登記しなければならない。

イ．公開会社は，取締役会の決議によりその種類の株式の全部を取得することができるという内容の種類株式を発行することができる。

ウ．取締役会設置会社は，取締役会において決議すべき事項について，その取締役会の決議のほか，その種類の株式の種類株主を構成員とする種類株主総会の決議があることを必要とする内容の種類株式を発行することができない。

エ．指名委員会等設置会社は，その種類の株式の種類株主を構成員とする種類株主総会において取締役又は監査役を選任することができるという内容の種類株式を発行することができない。

　1．アイ　2．アウ　3．アエ　4．イウ　5．イエ　6．ウエ

Ⅲ
株
式

　株主名簿に関する次の記述のうち，正しいものの組合せとして最も適切な番号を一つ選びなさい。なお，株主名簿は，書面をもって作成されているものとする。

ア．株主の氏名又は名称及び住所は，株主名簿の記載事項である。
イ．公開会社でない株式会社においては，株主名簿の作成が義務づけられていない。
ウ．株主名簿は，原則として，株式会社の本店に備え置かなければならない。
エ．営業時間内であれば，誰でも，株主名簿の閲覧を請求することができる。

　　1．アイ　　2．アウ　　3．アエ　　4．イウ　　5．イエ　　6．ウエ

　株式（振替株式を除く。）の譲渡に関する次の記述のうち，正しいものの組合せとして最も適切な番号を一つ選びなさい。

ア．株券不発行会社における株式の譲渡は，当事者の意思表示のみでその効力を生ずる。

イ．株券不発行会社における会社に対する株式の譲渡の対抗要件は，株主名簿の名義書換である。

ウ．株券発行会社における株式の譲渡は，当該株式に係る株券を交付しない限り，その効力を生ずることはない。

エ．株券発行会社における会社に対する株式の譲渡の対抗要件は，株券の交付である。

　1．アイ　2．アウ　3．アエ　4．イウ　5．イエ　6．ウエ

問題 15　譲渡制限株式

譲渡制限株式に関する次の記述のうち，正しいものの組合せとして最も適切な
番号を一つ選びなさい。

ア．譲渡制限株式を相続により取得した者は，譲渡制限株式を発行した株式会社
　に対し，その取得の承認を請求しなければならない。

イ．取締役会設置会社でない株式会社が，譲渡制限株式の譲渡による取得の承認
　をするか否かの決定をするには，定款に別段の定めがある場合を除き，株主総
　会の決議によらなければならない。

ウ．最高裁判所の判例によれば，譲渡制限株式について，株式会社の承認を得な
　いで譲渡がされた場合，その譲渡は，株式会社に対する関係だけでなく，譲渡
　当事者間においても，その効力を有しない。

エ．譲渡制限株式を譲り渡そうとする株主が譲渡承認の請求をした場合におい
　て，当該請求の日から2週間以内に株式会社が承認するか否かの決定の内容を
　通知しないときは，当該株式会社は，当該株主との合意による別段の定めをし
　た場合を除き，承認をする旨の決定をしたものとみなされる。

　1．アイ　2．アウ　3．アエ　4．イウ　5．イエ　6．ウエ

自己株式

　株式会社による自己の株式の取得又は自己株式の取扱いに関する次の記述のうち，正しいものの組合せとして最も適切な番号を一つ選びなさい。

ア．株式会社は，会社法が定める場合に限り，自己の株式を取得することができる。

イ．株式会社が特定の株主との合意により自己の株式を無償で取得する場合には，株式の取得に関する事項を，あらかじめ株主総会の決議によって定める必要はない。

ウ．株式会社は，その保有する自己株式について，剰余金の配当請求権及び議決権を有する。

エ．取締役会設置会社が自己株式を消却する場合，消却する自己株式の数の決定は，株主総会の決議によらなければならない。

　1．アイ　2．アウ　3．アエ　4．イウ　5．イエ　6．ウエ

募集株式の発行等①

募集株式の発行（株主割当て以外の場合）に関する次の記述のうち，正しいものの組合せとして最も適切な番号を一つ選びなさい。なお，本問の株式会社の定款には，種類株式に関する定め及び指名委員会等設置会社である旨の定めはないものとする。

ア．公開会社でない株式会社は，株主総会の決議を経なければ，募集株式の発行をすることができない。

イ．公開会社における募集株式の発行は，常に取締役会の決議によって行う。

ウ．公開会社でない株式会社は，払込期日の2週間前までに，株主に対し，募集事項を通知することを要しない。

エ．公開会社は，払込期日の2週間前までに，株主に対し，必ず募集事項を通知しなければならない。

1．アイ　2．アウ　3．アエ　4．イウ　5．イエ　6．ウエ

募集株式の発行（株主割当ての場合）に関する次の記述のうち，正しいものの組合せとして最も適切な番号を一つ選びなさい。なお，本問の株式会社の定款には，種類株式に関する定め及び指名委員会等設置会社である旨の定めはないものとする。

ア．公開会社でない株式会社は，定款に別段の定めがある場合を除き，取締役の決定によって，募集株式の発行をすることができる。

イ．公開会社における募集株式の発行は，常に取締役会の決議によって行う。

ウ．公開会社でない株式会社は，基準日現在の株主名簿上の株主（当該株式会社を除く。）に対し，当該株主が割当てを受ける募集株式の数を通知することを要しない。

エ．公開会社は，基準日現在の株主名簿上の株主（当該株式会社を除く。）に対し，当該株主が割当てを受ける募集株式の数を通知しなければならない。

　1．アイ　2．アウ　3．アエ　4．イウ　5．イエ　6．ウエ

問題 **19** 新株予約権

新株予約権に関する次の記述のうち，正しいものの組合せとして最も適切な番号を一つ選びなさい。

ア．新株予約権とは，株式会社に対して行使することにより当該株式会社の株式の交付を受けることができる権利をいう。

イ．有償で新株予約権が発行される場合には，申込者は，払込みをした日に，募集新株予約権の新株予約権者となる。

ウ．株式会社の承諾を得た場合であっても，募集新株予約権の払込みに代えて，当該株式会社に対する債権をもって相殺することは認められない。

エ．新株予約権を行使した新株予約権者は，当該新株予約権を行使した日に，当該新株予約権の目的である株式の株主となる。

  1．アイ　2．アウ　3．アエ　4．イウ　5．イエ　6．ウエ

　株式会社の機関に関する次の記述のうち，正しいものの組合せとして最も適切な番号を一つ選びなさい。

ア．公開会社は，常に取締役会を置かなければならない。

イ．取締役会設置会社(指名委員会等設置会社を除く。)は，常に監査役を置かなければならない。

ウ．指名委員会等設置会社は，定款の定めにより，監査役及び監査役会を置くことができる。

エ．監査役会設置会社は，常に取締役会を置かなければならない。

　1．アイ　2．アウ　3．アエ　4．イウ　5．イエ　6．ウエ

　株式会社の機関に関する次の記述のうち，正しいものの組合せとして最も適切な番号を一つ選びなさい。

ア．公開会社でない株式会社は取締役会を置かないこともできるが，この場合には，監査役を置かなければならない。

イ．大会社(公開会社でないもの，監査等委員会設置会社及び指名委員会等設置会社を除く。)は，監査役会及び会計監査人を置かなければならない。

ウ．公開会社でない大会社は，会計監査人を置かなければならない。

エ．株式会社が選択した機関構成は登記事項とはされていない。

　1．アイ　2．アウ　3．アエ　4．イウ　5．イエ　6．ウエ

問題 22　株主総会の招集

株主総会に関する次の記述のうち，正しいものの組合せとして最も適切な番号を一つ選びなさい。

ア．株主総会は，株式会社に関する一切の事項について決議をすることができる。
イ．定時株主総会は，毎事業年度の終了後一定の時期に招集しなければならない。
ウ．株主総会は，必要がある場合には，いつでも，招集することができる。
エ．株主総会は，取締役のみが招集することができる。

　1．アイ　2．アウ　3．アエ　4．イウ　5．イエ　6．ウエ

IV
機
関

株主総会の活性化に関する次の記述のうち，正しいものの組合せとして最も適切な番号を一つ選びなさい。

ア．取締役，会計参与，監査役及び執行役は，株主総会において，株主から特定性に欠ける一般的な事項について説明を求められた場合には，その説明を拒むことができる。

イ．株主の権利行使に関する利益供与は禁止されるが，利益供与の相手方が株主でない場合には，たとえその者がいわゆる総会屋であったとしても，禁止されない。

ウ．株主は，代理人によってその議決権を行使することができ，株式会社は，株主総会に出席することができる代理人の数を制限することはできない。

エ．株主は，その有する議決権を統一しないで行使することができるが，株式会社は，当該株主が他人のために株式を有する者でないときは，議決権を統一しないで行使することを拒むことができる。

1．アイ　2．アウ　3．アエ　4．イウ　5．イエ　6．ウエ

株主総会の決議の瑕疵

株主総会の決議の瑕疵に関する次の記述のうち，正しいものの組合せとして最も適切な番号を一つ選びなさい。

ア．株主総会の決議の内容が定款に違反する場合には，株主総会の決議の無効の確認の訴えを提起することができる。

イ．株主でない取締役は，株主総会の決議の取消しの訴えを提起することはできない。

ウ．株主総会の決議の取消しの訴えは，決議の日から3箇月以内であれば，いつでも提起することができる。

エ．株主総会の決議の内容が法令に違反することを理由とする当該決議の無効は，誰でも，いつでも，どのような方法によっても主張することができる。

 1．アイ　2．アウ　3．アエ　4．イウ　5．イエ　6．ウエ

Ⅳ
機
関

問題 25 取締役の株式会社に対する損害賠償責任

　取締役の株式会社に対する損害賠償責任（以下「会社に対する責任」という。）に関する次の記述のうち，正しいものの組合せとして最も適切な番号を一つ選びなさい。

ア．取締役は，その任務を怠ったときは，会社に対する責任を負う。

イ．会社に対する責任は，総株主の同意があっても免除することができない。

ウ．取締役（業務執行取締役等である者を除く。）については，定款の定めによって，会社に対する責任の全部を免除することができる。

エ．株主総会の特別決議によって，会社に対する責任の一部を免除することができる場合がある。

　　1．アイ　　2．アウ　　3．アエ　　4．イウ　　5．イエ　　6．ウエ

取締役会の招集

取締役会の招集に関する次の記述のうち，正しいものの組合せとして最も適切な番号を一つ選びなさい。

ア．取締役会は，原則として各取締役が招集するが，取締役会を招集する取締役を定款又は取締役会で定めたときは，その取締役が招集する。

イ．取締役会設置会社(監査役設置会社，監査等委員会設置会社及び指名委員会等設置会社を除く。)の株主は，いつでも取締役会の招集を請求することができる。

ウ．取締役会を招集する者は，原則として，取締役会の日の2週間前までに，各取締役(監査役設置会社にあっては，各取締役及び各監査役)に対してその通知を発しなければならない。

エ．取締役会設置会社である会計参与設置会社において，計算書類の承認を行う取締役会を招集する者は，各会計参与に対してもその通知を発しなければならない。

1．アイ　2．アウ　3．アエ　4．イウ　5．イエ　6．ウエ

特別取締役制度

特別取締役による取締役会の決議（監査等委員会設置会社の取締役会の決議を除く。）に関する次の記述のうち，正しいものの組合せとして最も適切な番号を一つ選びなさい。

ア．あらかじめ選定した3人以上の特別取締役による取締役会の決議を行うには，取締役の数が6人以上であることが必要である。

イ．指名委員会等設置会社は，特別取締役による取締役会の決議による旨を定めることができる。

ウ．特別取締役による取締役会によって決議することができるのは，重要な財産の処分及び譲受け並びに多額の借財に限られる。

エ．特別取締役のうち少なくとも1人は，社外取締役でなければならない。

　1．アイ　2．アウ　3．アエ　4．イウ　5．イエ　6．ウエ

会計参与

会計参与に関する次の記述のうち，正しいものの組合せとして最も適切な番号を一つ選びなさい。

ア．会計参与は，いかなる株式会社でも定款の定めにより任意に設置できる機関である。

イ．株式会社又はその子会社の取締役，監査役若しくは執行役又は支配人その他の使用人は，会計参与となることができる。

ウ．会計参与は，計算書類等を取締役や執行役とは別個独立して作成するのが主要な任務である。

エ．取締役会設置会社の会計参与は，計算書類等の承認をする取締役会に出席しなければならず，必要があると認めるときは，意見を述べなければならない。

　1．アイ　　2．アウ　　3．アエ　　4．イウ　　5．イエ　　6．ウエ

監査役に関する次の記述のうち，正しいものの組合せとして最も適切な番号を一つ選びなさい。

ア．法人は，監査役となることができる。

イ．監査役は，取締役に対して事業の報告を求めることはできるが，自ら株式会社の業務及び財産の状況を調査することはできない。

ウ．監査役は，株式会社又はその子会社の取締役を兼ねることができない。

エ．監査役の任期は，原則として，選任後4年以内に終了する事業年度のうち最終のものに関する定時株主総会の終結の時に終了する。

1．アイ　2．アウ　3．アエ　4．イウ　5．イエ　6．ウエ

問題 30   会計監査人

会計監査人に関する次の記述のうち，正しいものの組合せとして最も適切な番号を一つ選びなさい。

ア．会計監査人は，公認会計士又は監査法人でなければならない。

イ．監査役会設置会社においては，株主総会に提出する会計監査人の選任及び解任並びに会計監査人を再任しないことに関する議案の内容は，監査役会が決定する。

ウ．監査役会設置会社においては，会計監査人の報酬等は，監査役会が決定する。

エ．会計監査人は，責任追及の訴えの対象とはならない。

1．アイ　2．アウ　3．アエ　4．イウ　5．イエ　6．ウエ

問題 31   監査等委員会設置会社

監査等委員会設置会社（種類株式発行会社を除く。）に関する次の記述のうち，正しいものの組合せとして最も適切な番号を一つ選びなさい。

ア．監査等委員会設置会社は，取締役会を置かなければならない。

イ．監査等委員は，取締役の中から，取締役会の決議によって選定する。

ウ．監査等委員である取締役は，3人以上で，その過半数は，社外取締役でなければならない。

エ．監査等委員会設置会社の業務は，取締役会の決議によって選任された執行役が行う。

　1．アイ　2．アウ　3．アエ　4．イウ　5．イエ　6．ウエ

指名委員会等設置会社に関する次の記述のうち，正しいものの組合せとして最も適切な番号を一つ選びなさい。

ア．指名委員会，監査委員会及び報酬委員会は，指名委員会等設置会社の必置の機関である。

イ．公開会社でない株式会社は，指名委員会等設置会社となることができない。

ウ．委員は，取締役の中から，株主総会の決議によって選定する。

エ．指名委員会等設置会社は，会計監査人を置かなければならない。

1．アイ　2．アウ　3．アエ　4．イウ　5．イエ　6．ウエ

IV
機

関

執行役に関する次の記述のうち，正しいものの組合せとして最も適切な番号を一つ選びなさい。

ア．取締役会は，法の定める事項を除いて，業務執行の決定を執行役に委任することができる。

イ．執行役は，取締役を兼ねることはできるが，監査委員を兼ねることはできない。

ウ．執行役は，株主総会の決議によって選任される。

エ．執行役の任期は，選任後1年以内に終了する事業年度のうち最終のものに関する定時株主総会の終結の時までである。

　1．アイ　2．アウ　3．アエ　4．イウ　5．イエ　6．ウエ

会計帳簿及び計算書類

　会計帳簿及び計算書類に関する次の記述のうち，正しいものの組合せとして最も適切な番号を一つ選びなさい。なお，会計帳簿及び計算書類は，書面をもって作成されているものとする。

ア．株式会社の会計は，一般に公正妥当と認められる企業会計の慣行に従うものとし，株式会社は適時に正確な会計帳簿を作成しなければならない。

イ．すべての株式会社は，必ず定時株主総会において，貸借対照表や損益計算書などの計算書類について，その承認を受けなければならず，この承認を受けた定時株主総会の終結後遅滞なく，貸借対照表を公告しなければならない。

ウ．株主及び債権者は，株式会社に対して，会計帳簿又はこれに関する資料について，原則として営業時間内はいつでもその閲覧又は謄写の請求をすることができる。

エ．株式会社は，各事業年度に係る貸借対照表や損益計算書などの計算書類及び事業報告並びにこれらの附属明細書を作成しなければならない。

　1．アイ　2．アウ　3．アエ　4．イウ　5．イエ　6．ウエ

Ⅳ
機
関

Ⅴ
計算等

問題 35　資本金の額

　資本金の額に関する次の記述のうち，正しいものの組合せとして最も適切な番号を一つ選びなさい。

ア．設立に際して株主となる者が株式会社に対して払込み又は給付をした財産の額の2分の1以上の額を資本金として計上しなければならない。

イ．成立後の株式会社の資本金の額は，定款の絶対的記載事項である。

ウ．資本金の額の減少に関する効力発生日において，債権者異議手続が終了していないときには，資本金の額の減少は，その効力を生じない。

エ．資本金の額の減少の無効の訴えに係る請求を認容する判決が確定したときは，当該資本金の額の減少は，効力発生日に遡ってその効力を失う。

　　1．アイ　2．アウ　3．アエ　4．イウ　5．イエ　6．ウエ

　資本金及び準備金に関する次の記述のうち，正しいものの組合せとして最も適切な番号を一つ選びなさい。

ア．株式会社が保有する自己株式を処分した場合には，処分の対価の額だけ資本金の額が増加する。

イ．資本金の額を減少するためには，原則として，株主総会の特別決議が必要となるが，減少する資本金の額が定時株主総会の日における欠損の額として法務省令で定める方法により算定される額を超えない場合には，定時株主総会の普通決議によれば足りる。

ウ．株式会社が資本金の額を減少する場合には，必ず債権者異議手続を経なければならない。

エ．株式会社が準備金の額の減少をする場合には，必ず債権者異議手続を経なければならない。

　1．アイ　2．アウ　3．アエ　4．イウ　5．イエ　6．ウエ

株式会社の事業の譲渡

　株式会社間の事業の譲渡に関する次の記述のうち，正しいものの組合せとして最も適切な番号を一つ選びなさい。

ア．最高裁判所の判例によれば，事業の譲渡とは，事業活動の承継・競業避止義務の負担の有無を問わず，機能的一体としての組織的財産の譲渡をいう。

イ．譲渡会社は，譲受会社との特約によって競業避止義務が排除されている場合であっても，不正の競争の目的をもって同一の事業を行ってはならない。

ウ．譲受会社は，譲渡会社の商号を引き続き使用しない場合においても，譲渡会社の事業によって生じた債務を引き受ける旨の広告をしたときは，当該債務について弁済する責任を負う。

エ．譲渡会社が譲受会社に承継されない債務の債権者（「残存債権者」という。）を害することを知って事業を譲渡した場合には，当該残存債権者に対する債務は，譲渡会社及び譲受会社が連帯して負担する。

　1．アイ　2．アウ　3．アエ　4．イウ　5．イエ　6．ウエ

株式会社の解散及び清算に関する次の記述のうち，正しいものの組合せとして最も適切な番号を一つ選びなさい。

ア．株式会社は，いつでも，株主総会の特別決議によって解散することができる。

イ．株式会社は，設立時に登記をすれば，その後登記をしないことにより，解散したものとみなされることはない。

ウ．清算株式会社は，法人格としては従前の会社と異なるところはないが，その権利能力は清算の目的の範囲内に縮減される。

エ．清算株式会社は，会社法上，募集株式の発行や社債の発行を行うことができない。

　1．アイ　2．アウ　3．アエ　4．イウ　5．イエ　6．ウエ

合名会社・合資会社

持分会社に関する次の記述のうち，正しいものの組合せとして最も適切な番号を一つ選びなさい。

ア．持分会社の社員の出資の目的は，金銭等（金銭その他の財産をいう。）に限られる。

イ．持分会社の社員が持分を譲渡するためには，定款に別段の定めがある場合を除き，他の社員の全員の承諾が必要である。

ウ．持分会社の無限責任社員は，会社に弁済の資力があるときでも，連帯して，持分会社の債務を弁済する責任を負う。

エ．持分会社の社員は，定款に別段の定めがある場合を除き，持分会社の業務を執行する。

1．アイ　　2．アウ　　3．アエ　　4．イウ　　5．イエ　　6．ウエ

問題 40　合同会社

合同会社に関する次の記述のうち，正しいものの組合せとして最も適切な番号を一つ選びなさい。

ア．設立しようとする合同会社の社員になろうとする者は，合同会社の設立の登記をするまでに，その出資に係る金銭の全額を払い込まなければならない。

イ．合同会社の債権者は，その計算書類の閲覧を請求することができない。

ウ．合同会社における，業務を執行しない社員は，業務を執行する社員の全員の承諾があれば，持分を譲渡することができる。

エ．合同会社が持分の払戻しにより社員に対して交付する金銭等の帳簿価額が当該持分の払戻しをする日における剰余金額を超える場合には，社員はその持分の払戻しを受けることはできない。

　1．アイ　　2．アウ　　3．アエ　　4．イウ　　5．イエ　　6．ウエ

　　株式会社と合同会社の比較

　株式会社(監査等委員会設置会社及び指名委員会等設置会社を除く。)と合同会社に関する次の記述のうち，正しいものの組合せとして最も適切な番号を一つ選びなさい。

ア．株式会社も合同会社も，原始定款につき公証人による認証を受けなければならない。

イ．株式会社では，純資産額が300万円を下回る会社は，剰余金の配当をすることができないが，合同会社には，会社法上このような規制は設けられていない。

ウ．株式会社では，大会社であれば会計監査人を設置しなければならないが，合同会社でも，大会社に相当する資本金・負債規模の会社であれば，会計監査人の設置が義務づけられている。

エ．株式会社では，貸借対照表の公告が義務づけられているが，合同会社では，貸借対照表の公告が義務づけられていない。

　1．アイ　　2．アウ　　3．アエ　　4．イウ　　5．イエ　　6．ウエ

問題 42　社　債

　社債に関する次の記述のうち，正しいものの組合せとして最も適切な番号を一つ選びなさい。

ア．持分会社は，社債を発行することができる。

イ．同一種類の社債にあっては，各社債の金額は，均一か又は最低額をもって整除できるものでなければならない。

ウ．会社は，社債を発行した日以後遅滞なく，社債原簿を作成し，これに社債原簿記載事項を記載又は記録しなければならない。

エ．社債権者は，社債を取得した日から会社の経営に関与することができる。

　　1．アイ　　2．アウ　　3．アエ　　4．イウ　　5．イエ　　6．ウエ

問題 43 合 併

合併に関する次の記述のうち，正しいものの組合せとして最も適切な番号を一つ選びなさい。

ア．合併には，吸収合併と新設合併の2種類がある。

イ．株式会社と持分会社は合併をすることができない。

ウ．合併の各当事会社は，その債権者に対して，合併について異議を述べる機会を与えなくてはならない。

エ．合併は，合併契約に定めた効力発生日にその効力を生じる。

　1．アイ　2．アウ　3．アエ　4．イウ　5．イエ　6．ウエ

株式会社の会社分割

株式会社の会社分割に関する次の記述のうち，正しいものの組合せとして最も適切な番号を一つ選びなさい。なお，簡易分割及び略式分割は考慮しなくてよい。

ア．会社分割とは，会社がその事業に関して有する権利義務の全部を，分割後他の会社に承継させることをいう。

イ．会社分割がなされると，分割会社は解散することになる。

ウ．事業に含まれる債務を，分割会社から他の会社に承継させるには，債権者の個別の承諾は不要である。

エ．会社分割をするには，株主総会の決議による承認を受けなければならない。

  1．アイ　2．アウ　3．アエ　4．イウ　5．イエ　6．ウエ

株式交換・株式移転

株式交換及び株式移転に関する次の記述のうち，正しいものの組合せとして最も適切な番号を一つ選びなさい。

ア．会社法の定義によると，株式移転とは，1又は2以上の株式会社がその発行済株式の全部を新たに設立する株式会社又は合同会社に取得させることをいう。

イ．株式交換及び株式移転をする場合には，常に債権者異議手続をとらなければならない。

ウ．株式交換は，株式交換契約で定めた効力発生日に効力が発生し，株式移転は，新設会社の成立の日に効力が発生する。

エ．株式交換・株式移転の無効は，それぞれ株式交換無効の訴え・株式移転無効の訴えによってのみ主張できる。

1．アイ　2．アウ　3．アエ　4．イウ　5．イエ　6．ウエ

会社の組織に関する訴え

会社の組織に関する訴えに関する次の記述のうち，正しいものの組合せとして最も適切な番号を一つ選びなさい。

ア．株主総会の決議の不存在又は無効の確認の訴えについては，訴えを提起すべき期間が定められていない。

イ．株式会社の成立後における株式の発行の無効は，公開会社にあっても，公開会社でない株式会社にあっても，株式の発行の効力が生じた日から6箇月以内に訴えをもってのみ主張することができる。

ウ．会社の組織に関する訴えに係る請求を認容する確定判決は，第三者に対してもその効力を有する。

エ．会社の組織に関する訴えに係る請求を認容する判決が確定したときは，当該判決において無効とされ，又は取り消された行為は，すべて将来に向かってその効力を失う。

1．アイ　2．アウ　3．アエ　4．イウ　5．イエ　6．ウエ

組織変更に関する次の記述のうち，正しいものの組合せとして最も適切な番号を一つ選びなさい。

ア．合名会社から合同会社へと変わることは，会社法にいう組織変更ではない。
イ．組織変更をする持分会社は，組織変更計画の内容を事前に開示する必要はない。
ウ．組織変更をする株式会社は，債権者異議手続をとる必要はない。
エ．株式会社が組織変更をする場合，反対株主は，会社に対して，自己の有する株式を公正な価格で買い取るよう請求することができる。

　1．アイ　2．アウ　3．アエ　4．イウ　5．イエ　6．ウエ

問題 **48**　　商人と商行為

　　商人と商行為に関する次の記述のうち，正しいものの組合せとして最も適切な
番号を一つ選びなさい。

ア．最高裁判所の判例によれば，商人でない者が，自宅として使用する意思で購
　　入したマンションを，価格が高騰したために利ざやを稼ごうと思い立ってこれ
　　を転売する行為は，商行為である。
イ．他人間の婚姻の媒介をすることを業とする者は，商人である。
ウ．最高裁判所の判例によれば，公法人が収益事業を営む場合は，その限りで商
　　人となるが，個人が営業を開始するための準備行為を行った場合は，商人とは
　　ならない。
エ．個人が店舗を設けて自家栽培の野菜を販売した場合にも，株式会社が学習塾
　　を営んだ場合にも，商人となる。

　　1．アイ　　2．アウ　　3．アエ　　4．イウ　　5．イエ　　6．ウエ

XI 訴訟・非訟

XII 総則・商行為

　商業登記（会社法上の登記を含む。）に関する次の記述のうち，正しいものの組合せとして最も適切な番号を一つ選びなさい。

ア．商法第1編総則の規定により登記すべき事項は，登記しない限り，常にこれを第三者に対抗することができないわけではない。
イ．登記すべき事項について登記がなされた後であれば，たとえ第三者が病気で登記簿を閲覧できなかったために登記事項を知らなかったとしても，その第三者に対して登記事項を対抗することができる。
ウ．最高裁判所の判例によれば，商法9条2項ないし会社法908条2項の不実登記の規定により責任を負う「不実の事項を登記した者」とは，当該登記を申請した商人を指すから，不実登記の出現に加功したにすぎない者は，同条項の責任を負うことはない。
エ．登記事項には，登記するかどうかが当事者の意思に委ねられている事項があり，これについて登記した事項に変更が生じ，又はその事項が消滅したとしても，当事者は，変更の登記又は消滅の登記をする必要はない。

　1．アイ　2．アウ　3．アエ　4．イウ　5．イエ　6．ウエ

問題 **50** 商 号

商号に関する次の記述のうち，正しいものの組合せとして最も適切な番号を一つ選びなさい。

ア．会社の商号は1個に限られるのに対し，個人商人は各営業ごとに各別の商号を有することができる。

イ．個人商人は，その氏，氏名その他の名称をもってその商号とすることができ，会社も，自由な名称をもってその商号とすることができる。

ウ．誤認を生じさせるおそれのある商号の使用によって，営業上の利益を侵害され，又は侵害されるおそれがある商人は，その侵害の停止又は予防を請求することができる。

エ．商号の譲渡は，その旨の登記を行わなければ，当事者間でも譲渡の効力を生じない。

　1．アイ　2．アウ　3．アエ　4．イウ　5．イエ　6．ウエ

XII
総則・商行為

名板貸し

個人商人の名板貸しに関する次の記述のうち，最高裁判所の判例の趣旨に照らして，正しいものの組合せとして最も適切な番号を一つ選びなさい。

ア．名板貸人は，名板借人が当該名板貸人と業種の異なる営業を行うときは，特段の事情がない限り，名板貸人としての責任を負わない。

イ．名板貸人は，重大な過失によりその者を営業主であると誤認して取引をした者に対して，名板借人と連帯して弁済する責任を負う。

ウ．名板貸人の責任は，名板借人に対し自己の商号の使用を明示的に許諾した場合に限らず，名板借人が自己の商号を使用するのを知りながらこれを阻止しない不作為の場合であっても認められる。

エ．名板貸人は，名板借人が営業活動の際に交通事故に起因して負担した不法行為債務について，当該名板借人と連帯して弁済する責任を負う。

1．アイ　2．アウ　3．アエ　4．イウ　5．イエ　6．ウエ

問題 **52**　　**営業譲渡**

　個人商人の営業譲渡に関する次の記述のうち，正しいものの組合せとして最も適切な番号を一つ選びなさい。

ア．個人商人の商号は，営業とともにする場合又は営業を廃止する場合に限り，譲渡することができる。

イ．営業の譲受人は，譲渡人の商号を続用する場合でも，その商号の譲渡の登記をしていなければ，譲渡人の営業により生じた債務につき弁済の責任を負うことはない。

ウ．営業の譲受人が譲渡人の商号を続用する場合，譲渡人の営業によって生じた債権について譲受人になした弁済は，すべて有効なものとして扱われる。

エ．営業の譲受人は，譲渡人の商号を続用しない場合でも，譲渡人の営業により生じた債務につき弁済の責任を負うことがある。

　　1．アイ　2．アウ　3．アエ　4．イウ　5．イエ　6．ウエ

　商業帳簿に関する次の記述のうち，正しいものの組合せとして最も適切な番号を一つ選びなさい。

ア．すべての商人は，商業帳簿を作成しなければならない。

イ．個人商人が，その営業のために使用する財産について，法務省令で定めるところにより，適時に作成しなければならない商業帳簿とは，会計帳簿及び貸借対照表をいう。

ウ．株式会社の清算が結了した場合には，商業帳簿を保存する必要はない。

エ．裁判所は，申立てにより又は職権によって，訴訟の当事者である個人商人に対し，商業帳簿の提出を命ずることができる。

　1．アイ　2．アウ　3．アエ　4．イウ　5．イエ　6．ウエ

支配人

商法上の支配人に関する次の記述のうち，正しいものの組合せとして最も適切な番号を一つ選びなさい。

ア．支配人は，商人に代わり，その営業に関する一切の裁判外の行為をする権限を有するが，営業に関する裁判上の行為をする権限は有しない。

イ．支配人は，商人の許可を受けなくても，他の商人の使用人となることができる。

ウ．商人は，支配人を選任したときは，その登記をしなければならない。

エ．商人の営業所の営業の主任者であることを示す名称を付した使用人は，相手方が悪意であるときを除き，当該営業所の営業に関し，一切の裁判外の行為をする権限を有するものとみなされる。

1．アイ　2．アウ　3．アエ　4．イウ　5．イエ　6．ウエ

商行為に関する次の記述のうち，正しいものの組合せとして最も適切な番号を一つ選びなさい。

ア．個人商人がする行為は，附属的商行為と呼ばれ，商行為に関する規定が準用される。

イ．商行為の代理人が本人のためにすることを示さなかった場合であっても，その行為は，本人に対して効力を生ずるため，相手方は，代理人に対して履行の請求をすることができない。

ウ．商行為の受任者は，委任の本旨に反しない範囲内において，委任を受けていない行為をすることができる。

エ．商行為の委任による代理権は，本人の死亡によっては，消滅しない。

　1．アイ　　2．アウ　　3．アエ　　4．イウ　　5．イエ　　6．ウエ

金融商品取引法上の有価証券

　金融商品取引法上の有価証券に関する次の記述のうち，正しいものの組合せとして最も適切な番号を一つ選びなさい。

ア．有価証券は，権利の流通を確保するため証券の上に権利を化体したものであるから，権利が証券に表示されていなければ，金融商品取引法の適用の対象にならない。

イ．国債証券や地方債証券は，金融商品取引法第2章「企業内容等の開示」の対象にはならないから，その発行に際して，有価証券届出書を提出する必要はない。

ウ．社債券のように議決権と関係のない有価証券も，金融商品取引法第2章の2「公開買付けに関する開示」の対象となる。

エ．金融商品取引法第2章の3「株券等の大量保有の状況に関する開示」の対象となる有価証券は，公開会社の発行する株券や新株予約権付社債券のように議決権に関係ある有価証券である。

　1．アイ　2．アウ　3．アエ　4．イウ　5．イエ　6．ウエ

発行開示に関する次の記述のうち，正しいものの組合せとして最も適切な番号を一つ選びなさい。

ア．有価証券の募集又は有価証券の売出しは，発行者が当該有価証券の募集又は売出しに関し内閣総理大臣に届出をしているものでなければ，原則として，することができない。

イ．会社法上の株主割当ての方法で新株を発行する場合には，金融商品取引法上の有価証券の募集にはあたらない。

ウ．有価証券届出書の提出後，その効力が発生するまでの期間は，投資者に新規発行の有価証券を取得させることは禁止されるが，取得の勧誘を行うことは禁止されていない。

エ．発行者が株式を募集により投資者に取得させるには，契約を締結する前に，目論見書を投資者に交付しなければならない。

　1．アイ　2．アウ　3．アエ　4．イウ　5．イエ　6．ウエ

　株式会社の行為に関する次の記述のうち，金融商品取引法上の「有価証券の募集」に該当することがある場合の組合せとして最も適切な番号を一つ選びなさい。

ア．株式無償割当てにより株式を発行する場合
イ．取得請求権付株式について当該株式の株主による取得の請求により，新株予約権を発行する場合
ウ．株主に対して新たに払込みをさせないで当該株式会社の新株予約権の割当てをする場合
エ．自己株式を処分する場合

　1．アイ　2．アウ　3．アエ　4．イウ　5．イエ　6．ウエ

問題 **59**　有価証券の募集・売出し

　　有価証券の募集又は売出しに関する次の記述のうち，正しいものの組合せとして最も適切な番号を一つ選びなさい。

ア．有価証券の募集における届出書の提出は，発行価格の決定後でなければすることができない。

イ．新株を発行する場合に，勧誘の相手方が50名未満であれば，常に少人数私募となり，有価証券届出書を提出する必要がない。

ウ．既発行の株券の販売勧誘を適格機関投資家のみを相手方として行う場合であって，当該有価証券がその取得者から適格機関投資家以外の者に譲渡されるおそれが少ないものとして政令で定める場合には，売出しにあたらないので，有価証券届出書を提出する必要がない。

エ．発行価額又は売出価額の総額が1億円未満の募集又は売出しについては，有価証券届出書を提出する必要はないが，1年間通算して1億円以上となる場合には，有価証券届出書を提出しなければならない。

　　1．アイ　　2．アウ　　3．アエ　　4．イウ　　5．イエ　　6．ウエ

流通開示に関する次の記述のうち，正しいものの組合せとして最も適切な番号を一つ選びなさい。

ア．有価証券報告書を提出しなければならないすべての会社は，当該有価証券報告書と併せて，その記載内容に係る確認書を内閣総理大臣に提出しなければならない。

イ．上場会社は，有価証券報告書と併せて内部統制報告書を内閣総理大臣に提出しなければならない。

ウ．確認書及び内部統制報告書は，公認会計士又は監査法人の監査証明を受けなければならない。

エ．有価証券報告書と併せて提出される確認書及び内部統制報告書は，5年間公衆縦覧に供される。

　1．アイ　　2．アウ　　3．アエ　　4．イウ　　5．イエ　　6．ウエ

解答・解説編

Certified Public Accountant

問題 **1**

正解 **6**

本問のポイント 会社

▼解　説▼

ア．**誤　り**。会社の権利能力は，定款所定の目的によって制限を受ける（民法33条2項，34条）。ただ，定款所定の目的とは，定款に明示された目的自体に限られるのではなく，定款に明示された目的自体に包含されない行為でも，その目的遂行に直接または間接に必要な行為については，目的の範囲内に属すると解されている（八幡製鉄所事件判決，最判昭45.6.24）。

イ．**誤　り**。会社は，自然人と異なって，その性質上，生命・身体・親族等に関する権利義務の主体となることはできない。また，会社が解散したときは，清算の目的の範囲内でのみ権利を有し義務を負うなど（476条，645条），法令上特別の制限があれば，これに服する。したがって，会社の権利能力は，その性質や法令によって制限を受ける。

ウ．**正しい**。会社は，法定の要件が満たされれば，行政官庁の許可を要せず，設立登記によって当然に成立する（準則主義，49条，579条）。

エ．**正しい**。会社は，本店所在地における設立の登記によって成立する（ウ．の解説参照）。しかし，いったん成立しても，公益維持の観点から存続を許すべきでない会社については，裁判所の命令により解散させられることがある（会社の解散命令，824条）。

以上より，正しいものはウとエであることから，正解は6となる。

問題 2

| 本問のポイント | 会社の基本概念

▼解　説▼

ア．**誤　り**。株式会社だけでなく，合同会社，合名会社でも一人会社が認められ
る（641条4号参照）。会社は，社団法人であるが，社員が1人になっても，た
とえば新たに社員を加入させることが可能であるから，潜在的社団性がある，
と説明されている。ただし，合資会社は，無限責任社員と有限責任社員とで構
成される持分会社であるから（576条3項），一人会社は認められない。そこで，
合資会社の有限責任社員が退社したことにより当該合資会社の社員が無限責任
社員のみとなった場合には，当該合資会社は，合名会社となる定款の変更をし
たものとみなされる（639条1項）。逆に，合資会社の無限責任社員が退社した
ことにより当該合資会社の社員が有限責任社員のみとなった場合には，当該合
資会社は，合同会社となる定款の変更をしたものとみなされる（639条2項）。

イ．**正しい**。合名会社には無限責任社員しか存在しないため（576条2項，580条1
項），会社財産の充実維持の要請は，社員が有限責任しか負わない株式会社ほ
ど大きくない。それゆえ，損益の分配は社員の自治に委ねられ，利益がないの
に配当しても違法ではない（623条1項参照）。

ウ．**正しい**。無限責任社員とは，会社債務につき，一定の場合には，会社債権者
に対して直接連帯して，無限責任を負う社員をいう（580条1項）。従来は，会
社が他の会社の無限責任社員となることはできないものとされていた（改正前
商法55条参照）。しかし，会社も，合名会社の社員および合資会社の無限責任
社員となることができることになった（598条1項参照）。したがって，会社は，
他の会社の無限責任社員となることができる。

エ．**誤　り**。会社の法人格は，合併のほかは解散によって直ちに消滅しない。会
社は解散により清算手続に入り，清算の目的の範囲内で権利能力を有する（476
条，645条）。

以上より，正しいものはイとウであることから，正解は4となる。

本問のポイント 定義

▼解 説▼

ア. **正しい**。会社法において，会社とは，株式会社，合名会社，合資会社または合同会社をいう（2条1号）。

イ. **誤 り**。会社法において，公開会社とは，その発行する全部または一部の株式の内容として，譲渡による当該株式の取得について株式会社の承認を要する旨の定款の定め（譲渡制限の定め）を設けていない株式会社をいう（2条5号）。会社法上は，株式会社の株式の一部でも公開されていれば（一部の株式について譲渡制限が付されていなければ），公開会社となる。逆に，株式会社が発行するすべての株式について譲渡制限の定めが設けられている場合には，当該株式会社は，公開会社でない株式会社（非公開会社）となる。

ウ. **誤 り**。大会社とは，最終事業年度に係る貸借対照表に資本金として計上した額が5億円以上（2条6号イ），または負債の部に計上した額の合計額が200億円以上（2条6号ロ）の要件のいずれかに該当する株式会社をいう（2条6号）。資本金の額だけを大会社の基準としたのでは，資本金の額を小さくすることで，容易に大会社に関する規制（328条参照）を潜脱できてしまう。そこで，負債の部に計上した額の合計額も基準とされている。大会社かそうでないかの区別の意味は，大会社には会計監査人の設置が義務づけられる点にある（328条1項2項）。

エ. **正しい**。会社法における種類株式発行会社とは，「剰余金の配当その他の第108条第1項各号に掲げる事項について内容の異なる2以上の種類の株式を発行する株式会社をいう」（2条13号）。「内容の異なる2以上の種類の株式を発行する」とは，定款で内容の異なる2以上の種類の株式を定めていることである。現に2以上の種類の株式を発行していることは，「種類株式発行会社」の要件ではない。会社法は，2条13号で「2以上の種類の株式を発行する株式会社」，2条31号で「発行済株式（株式会社が発行している株式をいう。以下同じ。）」，184条2項で「現に2以上の種類の株式を発行している株式会社」というように「発行する」と「発行している」を書き分けており，両者は異なる意味を有する。

　以上より，正しいものはアとエであることから，正解は3となる。

本問のポイント 株式会社の設立

▼解 説▼

ア．**誤 り**。株式会社の設立方法には，①発起人が設立に際して発行する株式（設立時発行株式）の全部を引き受けて会社を設立する方法（発起設立，25条1項1号）と，②発起人が設立時発行株式の一部を引き受けて，残りにつき設立時発行株式を引き受ける者を募集して会社を設立する方法（募集設立，25条1項2号）の2つがある。

イ．**正しい**。発起人とは，会社設立の企画者として定款に署名または記名押印した者をいう（26条1項2項参照）。発起人には，取締役のような資格制限（331条1項）がないので，法人も発起人になることができる。

ウ．**正しい**。発起人は，株式会社の設立に際し，設立時発行株式を1株以上引き受けなければならない（25条2項）。発起人に責任を持って設立事務を遂行させるためである。

エ．**誤 り**。平成17年改正前の商法では，設立時発行株式のうち，会社成立後もなお引受けのないものがあるときは，発起人と会社成立当時の取締役が共同して引き受けたものとみなされていた（発起人等の引受担保責任，改正前商法192条）。しかし，会社法は，資本金と株式の関係の切断を考慮して，原始定款の記載事項から設立時発行株式の数を削除する代わりに，「設立に際して出資される財産の価額又はその最低額」を記載させることとし（27条4号），これさえ満たしていれば会社の成立を認めるものとした。そのため，出資の履行をしない者がいても，この者を失権させてしまって構わないことになり（36条3項，63条3項参照），発起人等に引受担保責任を課す必要がなくなった。その結果，発起人等の引受担保責任は廃止された。

以上より，正しいものはイとウであることから，正解は4となる。

本問のポイント　設立における出資

▼解　説▼

ア．**正しい**。金銭以外の財産をもってする出資を現物出資という。設立に際して現物出資をするためには，現物出資者の氏名・名称，現物出資財産およびその価額，現物出資者に対して与える設立時発行株式の種類・数等を定款で定めなければならない(28条1号)。会社法は，発起人による現物出資については規定を置いているが(34条1項)，発起人以外の引受人(設立時募集株式の引受人)については金銭の払込みをすることしか規定していない(63条1項)。このため，設立時の現物出資は，発起人しかすることができないものと解されている。これは，現物出資は，目的物の過大評価のおそれがある危険な行為であることから，現物出資者を発起人に限定し，実価が定款所定の価額に著しく不足する場合に，一種の担保責任として重い無過失責任(52条2項柱書かっこ書)を負わせるためである。

イ．**正しい**。株主は間接有限責任しか負わないことから(104条)，債権者にとっては，会社財産だけが引当てとなるのが原則である。株式会社においては，会社財産の重要性が大きいため，出資は財産出資に限定されている(27条4号,32条1項2号,58条1項2号)。

ウ．**誤り**。株式会社との関係で「出資の履行をすることにより設立時発行株式の株主となる権利」の譲渡の効力を認めてしまうと，設立手続が煩雑になるおそれが生じる。そのため，当該権利を譲渡したとしても，成立後の株式会社には対抗することができないとされている(35条,63条2項)。しかし，譲渡することまで禁じられているわけではない。

エ．**誤り**。設立時発行株式と引換えに払込みまたは給付された財産の2分の1を超えない額については，資本金として計上せず，資本準備金として計上することが認められている(445条2項3項)。なお，資本金・資本準備金の額の決定方法に関しては,32条1項参照。

以上より，正しいものはアとイであることから，正解は1となる。

問題 6

本問のポイント 株式会社の設立の瑕疵

▼解　説▼

ア．**誤　り**。株式会社の設立の無効は，会社成立の日から2年以内に，訴えをもってのみ主張することができる（828条1項1号）。しかし，訴えを提起できるのは「株主等」であり（828条2項1号），株主に限定されているわけではない。

イ．**誤　り**。株式会社の設立を無効とする判決には遡及効がなく，将来に向かってのみ効力を有する（839条）。株式会社は，解散の場合に準じて清算を行うことになる（475条2号）。

ウ．**正しい**。発起人は，株式会社の成立後は，錯誤，詐欺または強迫を理由として設立時発行株式の引受けの取消しをすることができない（51条2項）。

エ．**正しい**。株式会社が成立しなかったときは，発起人は，連帯して，株式会社の設立に関してした行為についてその責任を負い，株式会社の設立に関して支出した費用を負担する（56条）。なお，株式会社が成立しなかったとき（＝会社不成立）とは，設立手続が設立登記に至る前に中途で挫折し，株式会社が法律上も事実上も存在するに至らなかった場合をいう。

以上より，正しいものはウとエであることから，正解は6となる。

Ⅱ 株式会社の設立

 問題 **7**

正解 **6**

本問のポイント 自益権・共益権

▼解　説▼

　自益権とは，株主が会社から直接経済的な利益を受けることを目的とする権利であり，たとえば，剰余金配当請求権（105条1項1号，453条，454条）や残余財産分配請求権（105条1項2号，504条3項）などがこれにあたる。共益権とは，株主が会社の経営に参与することを目的とする権利であり，たとえば，株主総会における議決権（105条1項3号，308条）などがこれにあたる。

　単独株主権とは，株主の権利のうち，その持株数の多寡にかかわらず，どの株主でも単独に行使できる権利をいう。また，少数株主権とは，総株主の議決権の一定割合あるいは一定数の議決権あるいは発行済株式総数の一定割合の株式を有する株主のみが行使できる権利をいう。

ア．**誤　り**。株主総会における議決権（105条1項3号，308条）は，株主が会社の経営に参加することを目的とする権利であるから，共益権である。

イ．**誤　り**。少数株主権とは，総株主の議決権の一定割合（たとえば，総会検査役選任請求権。306条1項），あるいは一定数の議決権（たとえば，株主提案権。303条2項），あるいは発行済株式総数の一定割合の株式（たとえば，帳簿閲覧権。433条1項）を有する株主のみが行使できる権利をいう。

ウ．**正しい**。剰余金配当請求権（105条1項1号，453条，454条）は，株主が会社から直接経済的な利益を受けることを目的とする権利なので，自益権である。

エ．**正しい**。自益権は，剰余金配当請求権（454条3項）のように株主が会社から経済的利益を受けることを目的とする権利であり，その性質上，他の株主に影響を与えることはない。そのため，すべて単独株主権である。他方，株主が会社の経営に参加することを目的とする共益権は，自益権と異なって，権利行使の結果が他の株主にも影響を与えるので，1株の株主でも行使できる「単独株主権」（308条1項，318条4項，342条1項，360条1項，847条1項等参照）と一定の要件を満たす株主のみが行使できる「少数株主権」との区別がある。少数株主権は，他に影響が大きく，濫用される危険のある権利ほど行使の要件が厳格になっている（303条2項，306条1項，433条1項，833条等参照）。

　以上より，正しいものはウとエであることから，正解は6となる。

本問のポイント　株主平等の原則

▼解　説▼

ア．**正しい**。株式会社は，株主を，その有する株式の内容および数に応じて，平等に取り扱わなければならない（株主平等原則，109条1項）。株主の権利の中でも重要な議決権（308条1項本文）や剰余金の配当請求権（454条3項）および残余財産分配請求権（504条3項）等の持株数に応じた平等な取扱いは，この原則の表れである。109条1項の具体的意味は，株式の内容および数ごとに平等に取り扱うべきことを定め，「異なる内容の種類株式については異なる取扱いができることを明確化するとともに，同じ内容の株式については株式数に応じて平等に取り扱う」ことを明らかにしたものだと説明されている。

イ．**誤　り**。株主平等の原則（109条1項）に反する内容の株主総会の決議は，「決議内容が法令に違反すること」にあたり，取り消されるまでもなく，当然に無効となる（株主総会の決議の無効の確認の訴え，830条2項）。

ウ．**誤　り**。株主平等の原則は，株主を保護するために認められたものであり，個々の行為について不平等な取扱いを受ける株主が同意すれば，会社の行為を無効として株主を保護する必要はない。したがって，不利益な待遇を受ける株主の承認があれば有効と認められる。

エ．**正しい**。非公開会社（2条5号参照）は，105条1項各号に掲げる権利（剰余金の配当を受ける権利，残余財産の分配を受ける権利，株主総会における議決権）に関する事項について，株主ごとに異なる取扱いを行う旨を定款で定めることができる（109条2項）。たとえば，持株数の多寡にかかわらず，1人1議決権としたり，全員同額配当とすること等である。これは，非公開会社は，株主の異動がまれであることや，株主相互間の関係が緊密であると考えられるところから，属人的な権利の定めができることを認めたものである。

　以上より，正しいものはアとエであることから，正解は3となる。

III
株
式

正解 **1**

本問のポイント 単元株制度

▼解　説▼

ア．**正しい**。単元株制度とは，定款で定めた一定数の株式をまとめたものを 1 単元とし，1 単元の株式には 1 議決権を認めるが，単元未満株式には議決権を認めない制度である(188条 1 項，308条 1 項ただし書，325条)。たとえば，100株を 1 単元とする場合の99株以下の数の株式のように，単元株式数に満たない数の株式を単元未満株式といい，単元未満株式を有する株主を単元未満株主という(189条 1 項)。単元株制度は，株主管理コストの削減と株式の流通性確保との調整を図りたい会社のために，株式の併合や分割と並んで，出資単位の調整のための 1 つの手段として設けられたものである。単元株制度を採用するには，定款に，1 単元の株式数を定めなければならないが(188条 1 項)，1 単元の株式数の上限は法務省令で定める数(＝1,000株および発行済株式の総数の200分の 1 に当たる数。会社法施行規則34条)を超えることができない(188条 1 項 2 項)。不当に大きい単元だと，一部の支配株主が議決権を独占してしまい，一般株主の利益を害するからである。

イ．**正しい**。単元株制度の廃止・1 単元の株式数減少は，株主の利益にこそなれ不利益にはならないから，466条の規定にかかわらず，取締役の決定(取締役会設置会社では取締役会決議)によって定款変更ができる(195条 1 項)。なお，会社成立後に定款を変更して単元株制度を採用する場合には，株主総会の特別決議が必要である(466条，309条 2 項11号)。

ウ．**誤　り**。種類株式発行会社(2 条13号)においては，単元株式数を株式の種類ごとに定めなければならない(188条 3 項)。各種類の株式の市場価格に格差がある等，単元株式数を株式の種類ごとに違える方が合理的な場合があり得るからである。

エ．**誤　り**。単元未満株式も，株式である以上，譲渡することができるのが原則である(127条)。ただし，株券発行会社において，単元未満株式に係る株券を発行しないことができる旨の定款の定めがある場合には(189条 3 項)，株券が存在しないため，譲渡することができない(128条 1 項本文)。

以上より，正しいものはアとイであることから，正解は 1 となる。

Ⅲ株

式

本問のポイント 株式の消却・株式の併合・株式の分割・株式無償割当て

▼**解　説**▼

ア．**誤　り**。株式の消却とは，特定の自己株式を絶対的に消滅させる株式会社の行為をいう(178条1項)。株式の消却は，株式会社が適法に自己株式を取得した後にこれを消滅させる行為に過ぎず，株主に影響を与えることがないため，取締役の決定(取締役会設置会社においては取締役会の決議)によって行うことができるとされている(348条1項2項)。

イ．**正しい**。株式の併合とは，複数の発行済株式を併せて従来よりも少数の株式とする株式会社の行為をいう(180条以下参照)。株式の併合は，併合の割合いかんによっては，端数を生じたり，小さい単位で株式を譲渡する利益が失われるなど，株主に重大な影響を与えることから，必ず株主総会の特別決議によって行わなければならないとされている(180条2項，309条2項4号)。

ウ．**正しい**。株式の分割とは，発行済みの既存株式を細分化して発行済株式の総数を増加させる株式会社の行為をいう(183条1項)。株式の分割により発行済株式の総数は増加するが，基準日において株主名簿に記載・記録されている株主は，株式の分割がその効力を生ずる日に，分割前の株式に分割の割合を乗じて得た数の株式を取得するから(184条1項)，既存株主の地位に重大な変更が生じることはない。このため，株式の併合と異なり(180条2項，309条2項4号)，株主総会の特別決議は要求されていない。取締役会非設置会社は株主総会の普通決議(取締役会設置会社は取締役会の決議)により，分割割合等の法定事項を定めなければならない(183条2項)。

エ．**誤り**。株式無償割当てとは，株主に対して新たな払込みをさせないでその株式会社の株式を割り当てる株式会社の行為をいう(185条)。株式無償割当ては，株主総会の決議(取締役会設置会社においては取締役会の決議)によって行うのが原則であるが(普通決議,186条3項本文,309条1項)，定款で別段の定めをすることも可能であり(186条3項ただし書)，必ず株主総会の決議によって行わなければならないわけではない。なお，株式の分割は，あくまでも同じ特定の種類の株式を一定割合で増加させる行為であるが(184条1項かっこ書参照)，株式無償割当てにおいては，他の種類の株式を割り当てることも認められている。

以上より，正しいものはイとウであることから，正解は4となる。

Ⅲ 株 式

正解 **2**

本問のポイント 株式の内容

▼解 説▼

　株式会社は，その発行する全部の株式の内容として，３つの事項について，特別の定めを定款で定めることができる(株式の内容についての特別の定め，107条１項１号〜３号)。107条は，複数の種類の株式を発行する旨の定款の定めを設けていない株式会社(＝２条13号にいう種類株式発行会社でない会社)に関する規定である。

ア．**定めることができる**。株式会社は，その発行する全部の株式の内容として，譲渡による当該株式の取得について当該株式会社の承認を要することを定めることができる(譲渡制限株式，107条１項１号)。

イ．**定めることができない**。株式会社は，その発行する全部の株式の内容として，本記述のような定めをすることはできない(107条１項１号〜３号参照)。なお，種類株式発行会社(２条13号)では，株主総会において議決権を行使することができる事項について異なる定めをした内容の異なる２以上の種類の株式を発行することができる(議決権制限株式，108条１項３号)。

ウ．**定めることができる**。株式会社は，その発行する全部の株式の内容として，当該株式について，当該株式会社が一定の事由が生じたことを条件としてこれを取得することができることを定めることができる(取得条項付株式，107条１項３号)。

エ．**定めることができない**。株式会社は，その発行する全部の株式の内容として，本記述のような定めをすることはできない(107条１項１号〜３号参照)。なお，種類株式発行会社(２条13号)では，当該種類の株式について，当該株式会社が株主総会の特別決議(171条１項，309条２項３号)によってその全部を取得することができる種類株式を発行することができる(全部取得条項付種類株式，108条１項７号)。

　以上より，定めることができるのはアとウであることから，正解は２となる。

本問のポイント　　異なる種類の株式

▼解　説▼

ア．**正しい**。株式会社は，資金調達の便宜その他の理由に基づき，権利の内容の異なる数種の株式（種類株式）を発行することができる（108条1項柱書本文）。この場合には，会社法が定める一定の事項を，定款で定め，かつ，登記することが必要となる（108条2項，911条3項7号）。

イ．**誤　り**。種類株式の内容は，108条で定められており，これと異なる種類株式を発行することはできない。株主総会の特別決議によりその種類の株式の全部を取得することができるという内容の種類株式を発行することはできるが（全部取得条項付種類株式，108条1項7号，309条2項3号），取締役会の決議によりその種類の株式の全部を取得することができるという内容の種類株式を発行することはできない。

ウ．**誤　り**。株式会社は，株主総会（取締役会設置会社にあっては株主総会または取締役会，清算人会設置会社にあっては株主総会または清算人会）において決議すべき事項について，当該決議のほか，当該種類の株式の種類株主を構成員とする種類株主総会の決議があることを必要とする内容の種類株式を発行することができる（拒否権付種類株式（いわゆる黄金株），108条1項8号）。取締役会設置会社であれば，取締役会において決議すべき事項につき，その取締役会決議のほか，その種類の株式の種類株主を構成員とする種類株主総会の決議があることを必要とする内容の種類株式を発行することも可能である。

エ．**正しい**。公開会社でも指名委員会等設置会社でもない株式会社は，その種類の株式の種類株主を構成員とする種類株主総会において取締役または監査役を選任することができるという内容の種類株式を発行することができる（108条1項柱書）。公開会社および指名委員会等設置会社で当該種類株式の発行が認められないのは（181条1項柱書ただし書），公開会社においては経営者支配の強化のために濫用される危険があるからであり，指名委員会等設置会社においては，監査役を置くことができないし（327条4項），また，指名委員会が取締役選任議案を決定する関係上（404条1項），種類株主総会単位で取締役を選任するこの制度と相容れないからである。

以上より，正しいものはアとエであることから，正解は3となる。

本問のポイント　株主名簿

▼解　説▼

ア．**正しい。**株主名簿とは，株主およびその持株等に関する事項を明らかにするために，会社法上作成を要する帳簿をいう。株主の集団的法律関係を画一的に処理し，株式会社の事務処理の便宜を図ることがその目的である。株主名簿には，①株主の氏名または名称および住所，②①の株主の有する株式の数(種類株式発行会社にあっては，株式の種類および種類ごとの数)，③①の株主が株式を取得した日，④株券発行会社である場合には，②の株式(株券が発行されているものに限る)に係る株券の番号を記載しなければならない(121条)。

イ．**誤　り。**株式会社は，公開会社であるか否かにかかわらず，株主名簿を作成し，これに上記①〜④の事項(株主名簿記載事項)を記載しなければならない(121条)。

ウ．**正しい。**株式会社は，原則として，株主名簿をその本店に備え置かなければならない(125条1項)。ただし，株主名簿管理人がある場合には，株主名簿管理人の営業所に備え置くこととされている(同条項かっこ書)。

エ．**誤　り。**株主名簿の閲覧の請求をすることができるのは，株主・債権者・親会社の社員である(125条2項4項)。なお，株主および債権者は，株式会社の営業時間内であればいつでも閲覧の請求をすることができるが(同条2項)，親会社の社員については，その権利を行使するため必要がある場合において裁判所の許可を得たときに限定されている(同条4項5項)。

　以上より，正しいものはアとウであることから，正解は2となる。

本問のポイント　　株式の譲渡

▼解　説▼

ア．**正しい**。株券不発行会社の株式（振替株式を除く）について，会社法はその譲
渡方法を特に定めていないため，当事者は意思表示のみによって有効に株式を
譲渡することができる（127条）。

イ．**正しい**。株券不発行会社における株式（振替株式を除く）の譲渡は，株式を取
得した者の氏名または名称および住所を株主名簿に記載または記録しなければ
（株主名簿の名義書換をしなければ），当該会社に対抗することができない（130
条1項）。集団的法律関係の画一的処理の要請に基づくものである。なお，株
主名簿の名義書換は，株券不発行会社における株式（振替株式を除く）の譲渡
の，第三者に対する対抗要件でもある（130条1項）。

ウ．**誤　り**。株券発行会社における株式の譲渡は，当該株式に係る株券を交付し
なければ効力を生じないのが原則である（128条1項本文）。しかし，自己株式
の処分（会社と募集株式の引受人との間の株式譲渡）の効力は払込・給付期日ま
たは出資の履行をした日に発生するとされており（209条1項），株券発行会社
においても，この日に株式の譲渡の効力が生ずることとなる。そのため，株券
発行会社における株式の譲渡のうち，自己株式の処分による株式の譲渡につい
ては，株券の交付が効力要件とはならないので（128条1項ただし書），本記述
は誤りとなる。

エ．**誤　り**。株券発行会社における株式の譲渡には，原則として株券の交付が必
要であり（128条1項。例外についてはウ．の解説参照），その交付が会社以外
の第三者に対する対抗要件ともなる（130条2項，民法178条）。しかし，会社に
対する対抗要件は，株主名簿の名義書換とされている（130条2項）。株券不発
行会社の場合と同様に，集団的法律関係の画一的処理の要請に基づくものであ
る。

以上より，正しいものはアとイであることから，正解は1となる。

Ⅲ
株

式

本問のポイント 譲渡制限株式

▼解 説▼

ア．**誤 り**。譲渡制限株式とは，株式会社がその発行する全部または一部の株式の内容として「譲渡による」当該株式の取得について当該株式会社の承認を要する旨の定めを設けている場合における当該株式をいう（2条17号）。譲渡制限株式は「譲渡による」取得についての制限であるから（107条1項1号，108条1項4号），相続による取得には，株式会社の承認は不要である（134条4号，174条参照）。

イ．**正しい**。譲渡制限株式の譲渡を承認するか否かは，取締役会設置会社では取締役会の決議によって，取締役会非設置会社では株主総会の普通決議によって決定するのが原則である（139条1項本文，309条1項）。ただし，定款に別段の定めがある場合は，この限りでない（139条1項ただし書）。

ウ．**誤 り**。判例は，譲渡制限株式の「立法趣旨は，もっぱら会社にとって好ましくない者が株主となることを防止することにあると解される。そして，右のような譲渡制限の趣旨と，一方株式の譲渡が本来自由であるべきこととに鑑みると，定款に前述のような定めがある場合に取締役会の承認を得ずになされた株式譲渡は，会社に対する関係では効力を生じないが，譲渡当事者間においては有効であると解するのが相当である」と，いわゆる相対的無効説に立つ（最判昭48．6．15）。

エ．**正しい**。譲渡制限株式を他人に譲渡しようとする株主は，譲受人の氏名等一定の事項を明らかにして，会社に対し譲渡を承認するよう請求することができる（136条，138条1号）。会社は，承認の可否を決定したときは，株主に対し当該決定の内容を通知しなければならず（139条2項），株主の請求の日から2週間（これを下回る期間を定款で定めた場合にはその期間）以内に上記通知をしなかった場合には，株主・会社間に別段の定めがない限り，譲渡は承認されたものとみなされる（145条1号）。会社が手続を適時に履行しなければ，請求者らの法的地位は不安定な状態におかれ，投下資本回収の手段が事実上奪われてしまう。145条は，これを防止する趣旨で設けられた規定である。

以上より，正しいものはイとエであることから，正解は5となる。

MEMO

Ⅲ株
式

正解 **1**

本問のポイント 自己株式

▼解　説▼

ア．**正しい。** 自己株式の取得を自由にすると，①会社の財産的基礎を害する，②株主平等の原則に反する，③株式取得の公正を害する，④会社支配の公正を害する等の弊害を生じるおそれがある。そこで，会社法は，これらの弊害を防止するため，取得の手続・方法・財源につき規制を設け（155条以下），155条に掲げる場合に限定して自己株式の取得を認めている。

イ．**正しい。** 株式会社が株主との合意により自己株式を有償で取得するには，取得する株式の数など会社法に定める事項を，あらかじめ株主総会の決議によって定めなければならないのが原則である（156条1項）。これは，会社が株主との合意によって自己株式を有償で取得するのは，剰余金の配当（→原則として，株主総会の決議が必要。454条1項）と同じく，財産分配の一形態であり，また，会社支配の公正を害するかどうかを株主が判断できるようにするためである。しかし，自己株式を無償で取得する場合には，ア．で解説した①〜④の弊害が生ずるおそれは通常考えられない。そこで，自己株式を無償で取得する場合については，あらかじめ株主総会の決議は必要とされていない（155条13号・施行規則27条1号，156条2項）。

ウ．**誤り。** 株式会社は，自己株式について剰余金の配当をすることができない（453条かっこ書，454条3項かっこ書）。自己株式に剰余金の配当をしなくても，その額は株式会社の繰越利益となるから会社財産が減少するわけではないし，配当をすると営業外収益として計上され，投資家に収益力に対する誤解を与えるからである。また，株式会社自身が自己株式に基づいて議決権を行使することは，会社支配の公正を害することとなるため，株式会社は保有している自己株式につき議決権を有しない（308条2項）。

問題 16

エ. **誤 り**。株式会社は，取得した自己株式を保有し続けることも，自己株式を消却することもできる(178条1項前段)。株式の消却とは，株式会社がその存続中に保有する特定の自己株式を消滅させることをいう。株式の消却の決定は，取締役会設置会社においては，取締役会の決議によらなければならない(178条2項)。株式の消却は，株式会社が適法に取得した自己株式を消滅させるだけであり，株主に不利益を与えるものではないから，株主総会の決議は要求されない。

以上より，正しいものはアとイであることから，正解は1となる。

問題 17

正解 **2**

本問のポイント 募集株式の発行(株主割当て以外の場合)

▼解 説▼

ア．**正しい**。株式会社が募集株式の発行をするには，まず募集事項(募集株式の数や払込金額など。詳細は199条1項1号〜5号)として法定の事項を定めなければならないが(199条1項)，この募集事項の決定につき，非公開会社では株主総会の特別決議が必要となる(199条2項,309条2項5号)。非公開会社の株主は，持株比率の維持に大きな関心を有するのが通常であり，これを保護する必要があるからである。なお，会社が置かれた状況によっては，手続の柔軟化が必要な場合もあるため，募集事項の決定を取締役(取締役会設置会社にあっては，取締役会)に委ねることが認められている(200条1項)。ただし，この場合においても，募集株式数の上限と払込金額の下限の決定については，株主総会の特別決議が必要である(200条1項,309条2項5号)。

イ．**誤 り**。公開会社における募集事項の決定は，原則として，取締役会の決議によって行う(201条1項,199条2項)。公開会社の株主は，非公開会社の株主ほど持株比率の維持に関心を有していないのが通常であり，資金調達の機動性を犠牲にしてまで保護する必要がないからである。ただし，有利発行の場合には，株主に経済的損失を与えることになるため，株主総会の特別決議が必要とされている(201条1項,199条2項3号,309条2項5号)。

ウ．**正しい**。非公開会社においては，募集事項が株主総会で開示されるので，株主は，その内容が法令や定款に違反したり，不公正であったりした場合には，会社に対して募集株式の発行をやめることを請求することができる(差止請求，210条)。そのため，株主に差止請求をする機会を提供する趣旨で行われる本記述の通知(またはこれに代わる公告)は，非公開会社では必要とされていない(201条3項4項参照)。

エ．**誤　り**。公開会社においては，募集事項が取締役会の決議によって決定されるのが原則であるから(201条1項)，株主に差止請求をする機会を提供するため，募集事項を通知(またはこれに代わる公告)することが要求されている(201条3項4項)。ただし，有利発行の場合には，株主総会の決議が必要とされ(201条,199条3項)，募集事項が株主総会で開示されることになるので，本記述の通知(またはこれに代わる公告)は不要となる。なお,201条5項参照。

以上より，正しいものはアとウであることから，正解は2となる。

Ⅲ株
式

問題 18

正解 **5**

本問のポイント 募集株式の発行(株主割当ての場合)

▼解 説▼

ア．**誤 り**。非公開会社が株主割当ての方法で募集株式の発行をする場合には，募集事項等(199条1項1号～5号の募集事項のほか，株主に募集株式の割当てを受ける権利を与える旨・募集株式の引受けの申込期日)を，原則として，株主総会の特別決議によって決定しなければならない(202条3項4号,309条2項5号)。非公開会社の株主は，持株比率の維持に大きな関心を有するのが通常であり，これを保護する必要があるからである(株主割当ての場合，株主は，申込みをすればその比率を維持することができるが，比率を維持するがために本来は望まない申込みを事実上強制されるおそれがあるので，この場合にも株主保護の要請が働く)。ただし，迅速な手続による決定を望む会社のために，定款でその旨を定めることにより，募集事項等の決定を取締役(取締役会設置会社にあっては，取締役会)に委ねることが認められている(202条3項1号2号)。

イ．**正しい**。公開会社が株主割当ての方法で募集株式の発行をする場合には，募集事項等を取締役会の決議によって決定する(202条3項3号5項)。公開会社の株主は，非公開会社の株主ほど持株比率の維持に関心を有していないのが通常だからである。

ウ．**誤 り**。非公開会社は，株主割当ての方法で募集株式の発行をする場合には，募集株式の引受けの申込期日の2週間前までに，基準日現在の株主名簿上の株主(当該会社を除く)に対し，①募集事項，②当該株主が割当てを受ける募集株式の数，③募集株式の引受けの申込期日を通知しなければならない(202条4項)。株主に申込みをするか否かの判断の機会を与える趣旨である。

エ．**正しい**。公開会社は，株主割当ての方法で募集株式の発行をする場合には，募集株式の引受けの申込期日の2週間前までに，基準日現在の株主名簿上の株主(当該会社を除く)に対し，①募集事項，②当該株主が割当てを受ける募集株式の数，③募集株式の引受けの申込期日を通知しなければならない(202条4項)。この点につき，公開会社と非公開会社とで異なるところはない。

以上より，正しいものはイとエであることから，正解は5となる。

| 本問のポイント | 新株予約権 |

▼解 説▼

ア．**正しい**。新株予約権とは，株式会社に対して行使することにより当該株式会社の株式の交付を受けることができる権利をいう（2条21号）。会社関係者へのストック・オプションや敵対的買収に対する防衛策として利用される。

イ．**誤 り**。新株予約権が有償で発行されるか否かにかかわらず，申込者は，割当日に，募集新株予約権の新株予約権者となる（245条1項1号）。

ウ．**誤 り**。新株予約権者は，株式会社の承諾を得て，募集新株予約権の払込みに代えて，当該株式会社に対する債権をもって相殺することができる（246条2項）。会社法上，新株予約権に係る払込みは，出資ではなく，株式会社に対する単なる債務の履行として扱われているからである。

エ．**正しい**。新株予約権を行使した新株予約権者は，当該新株予約権を行使した日に，当該新株予約権の目的である株式の株主となる（282条1項）。なお，新株予約権者は，新株予約権を行使する日に出資の履行（払込み・給付）をする必要があり（281条1項2項），この場合には，払込み・給付債務と株式会社に対する債権とを相殺することはできない（281条3項）。208条3項と同様の趣旨である。

以上より，正しいものはアとエであることから，正解は3となる。

Ⅲ
株

式

問題 20

正解 **3**

本問のポイント 機関設計

▼**解　説**▼

ア．**正しい**。公開会社(2条5号)は，取締役会を置かなければならない(327条1項1号)。

イ．**誤　り**。取締役会設置会社は，指名委員会等設置会社・監査等委員会設置会社でない限り，監査役(381条1項)を置かなければならない(327条2項本文)。ただし，非公開会社が取締役会を設置した場合には，会計参与(374条)を設置すれば，監査役の設置を免れることができる(327条2項ただし書)。

ウ．**誤　り**。指名委員会等設置会社では，執行役の業務執行に対する監視・監督は，各委員会，特に監査委員会(404条2項)と取締役会(416条1項2号。なお，415条参照)によってなされる。そのため，指名委員会等設置会社には，監査役を置くことができない(327条4項)。

エ．**正しい**。監査役会設置会社は，取締役会を置かなければならない(327条1項2号)。

　以上より，正しいものはアとエであることから，正解は3となる。

問題 21

正解 **4**

本問のポイント 機関総論

▼解　説▼

ア．**誤　り**。公開会社でない株式会社は取締役会を置かないこともできるが(327
条1項1号)，この場合には，大会社でない限り，監査役を置くことを要しな
い(328条2項,327条3項参照)。

イ．**正しい**。大会社(公開会社でないもの，監査等委員会設置会社および指名委
員会等設置会社を除く)は，監査役会および会計監査人を置かなければならな
い(328条1項)。

ウ．**正しい**。公開会社でない大会社は，会計監査人を置かなければならない(328
条2項)。

エ．**誤　り**。株式会社がどのような機関構成を採用しているかについては，株主
のみならず，会社債権者等会社と取引をする第三者にとっても重大な関心事で
あるため，各会社が選択した機関構成については登記しなければならない(911
条3項13号〜23号)。

以上より，正しいものはイとウであることから，正解は4となる。

IV
機

関

本問のポイント 株主総会の招集

▼解 説▼

ア．**誤 り**。取締役会非設置会社の株主総会は，株式会社に関する一切の事項について決議をすることができるが(295条1項)，取締役会設置会社の株主総会は，会社法に規定する事項および定款で定めた事項以外の事項について決議をすることができない(295条2項)。取締役会非設置会社に比べ取締役会設置会社の株主総会の権限が縮小されているのは，取締役会設置会社においては，会社の合理的な運営を確保するために，会社の業務執行の意思決定が原則として取締役会に委ねられているからである。

イ．**正しい**。定期的に株主総会が開催されれば，株主総会を通じた株主によるコントロールが実効的なものとなる。そこで，会社法は，株式会社が毎事業年度の終了後一定の時期に株主総会を招集しなければならない旨を定めるとともに，このような定期的に開催が要求される株主総会を定時株主総会と称するものとしている(296条1項)。

ウ．**正しい**。株主総会は，必要がある場合には，いつでも，招集することができる(臨時株主総会,296条2項)。株主総会の決議を要する事項が生じたにもかかわらず，次回の定時株主総会を待たなければ決議をすることができないとすると，機動的な会社運営が阻害されるからである。

エ．**誤 り**。株主総会は，取締役会非設置会社では，取締役(取締役が2人以上ある場合には，取締役の過半数)が招集の決定をし，招集するが(298条1項)，取締役会設置会社では，取締役会が招集の決定をし，代表取締役(指名委員会等設置会社においては代表執行役)が招集する(298条4項)。以上が原則であるが，このほか，会社法は，少数株主による招集(297条)および裁判所による招集(307条)についても規定している。

以上より，正しいものはイとウであることから，正解は4となる。

本問のポイント　株主総会の活性化

▼**解　説**▼

ア．**正しい**。取締役，会計参与，監査役および執行役は，株主総会において，株主から特定の事項について説明を求められた場合には，当該事項について必要な説明をしなければならない(314条本文)。説明義務の対象は，説明を求められた特定の事項であるから，特定性に欠ける一般的な事項について説明を求められても，それは説明義務の対象外である。

イ．**誤　り**。株式会社は，「何人に対しても」，株主の権利の行使に関し，財産上の利益の供与(当該株式会社またはその子会社の計算においてするものに限る)をしてはならない(120条1項)。何人に対しても，株主の権利行使に関して利益供与が禁止されるから(120条1項)，受領者が現に株主である必要はない。たとえば，「株づけ」をしない(株主とならない)ことを条件に利益の供与を受けるのも利益供与の禁止の対象になる。

ウ．**誤　り**。株主は，代理人によってその議決権を行使することができる(310条1項本文)。ただし，株式会社は，株主総会に出席することができる代理人の数を制限することができる(同条5項)。

エ．**正しい**。株主は，その有する議決権を統一しないで行使することができる(313条1項)。もっとも，株式会社は，当該株主が他人のために株式を有する者でないときは，議決権を統一しないで行使することを拒むことができる(同条3項)。

以上より，正しいものはアとエであることから，正解は3となる。

IV
機
関

問題 24

本問のポイント 株主総会の決議の瑕疵

▼解　説▼

ア．**誤　り**。株主総会の「決議の内容が定款に違反する」ことは，「決議の内容が法令に違反することを理由」とする株主総会の決議の無効の確認の訴え（830条2項）の対象ではなく，株主総会の決議の取消しの訴えの対象とされている（831条1項2号）。

イ．**誤　り**。株主であるか否かにかかわらず，取締役は，株主総会の決議の取消しの訴えを提起することができる（831条1項柱書）。

ウ．**正しい**。提訴期間は，決議の日から3箇月以内と定められている（831条1項柱書）。瑕疵の主張の可及的制限の要請に基づくものである。

エ．**正しい**。株主総会の決議の内容が「法令」に違反する場合，このような瑕疵は重大であることから，当該決議は，無効判決によることなく当然に無効とされる。そして，その無効は，民法の一般原則にしたがって，誰でも，いつでも，どのような方法によっても主張することができる。なお，当該決議の無効を主張する者は，必要があれば，830条2項が規定する株主総会の決議の無効の確認の訴えを提起することもできる。

以上より，正しいものはウとエであることから，正解は6となる。

本問のポイント　取締役の株式会社に対する損害賠償責任

▼解　説▼

ア．**正しい**。取締役は，その任務を怠ったときは，株式会社に対し，これによっ
　て生じた損害を賠償する責任を負う(423条1項)。

イ．**誤　り**。取締役の株式会社に対する損害賠償責任は，総株主の同意があれば
　免除することができる(424条)。

ウ．**誤　り**。株式会社は，非業務執行取締役等(427条1項かっこ書)の任務懈怠
　責任について，非業務執行取締役等が職務を行うにつき善意・無重過失であっ
　た場合には，定款で定めた額の範囲内であらかじめ株式会社が定めた額と最低
　責任限度額(エ．の解説参照)のいずれか高い額を限度とする旨の契約(責任限
　定契約)を非業務執行取締役等と締結することができる旨を定款で定めること
　ができる(427条1項)。この責任限定契約は，株式会社に対する損害賠償責任
　の「一部」を免除する制度である。会社法には，責任の一部を免除する制度が3
　つ用意されており，このほかに425条(エ．の解説参照)と426条に規定がある。

エ．**正しい**。取締役・会計参与・監査役・執行役・会計監査人(役員等，423条1
　項かっこ書)の株式会社に対する損害賠償責任は，当該役員等が職務を行うに
　つき善意・無重過失であった場合は，賠償責任を負う額から最低責任限度額を
　控除した額を限度として，株主総会の特別決議によって，その一部を免除する
　ことができる(425条1項，309条2項8号)。最低責任限度額とは，①役員等が
　報酬その他の職務執行の対価として株式会社から受けまたは受けるべき財産上
　の利益の1年間当たりの額に相当する額の，代表取締役・代表執行役について
　は6年分，代表取締役以外の取締役(業務執行取締役等であるものに限る)・代
　表執行役以外の執行役については4年分，非業務執行取締役等(427条1項かっ
　こ書)については2年分に相当する額，および②役員等が就任後に新株予約権
　を行使・譲渡して得た利益の額等の合計額である(425条1項1号2号，施行規
　則114条)。

以上より，正しいものはアとエであることから，正解は3となる。

問題 **26**

本問のポイント 取締役会の招集

▼解　説▼

ア．**正しい**。取締役会は，各取締役が招集する。ただし，取締役会を招集する取締役を定款または取締役会で定めたときは，その取締役が招集する（366条1項）。

イ．**誤　り**。取締役会設置会社（監査役設置会社，監査等委員会設置会社および指名委員会等設置会社を除く）の株主は，取締役が取締役会設置会社の目的の範囲外の行為その他法令もしくは定款に違反する行為をし，またはこれらの行為をするおそれがあると認めるときは，取締役会の招集を請求することができる（367条1項）。

ウ．**誤　り**。取締役会を招集する者は，取締役会の日の「1週間」（これを下回る期間を定款で定めた場合にあっては，その期間）前までに，各取締役（監査役設置会社にあっては，各取締役および各監査役）に対してその通知を発しなければならない（368条1項）。取締役会は，取締役（監査役設置会社にあっては，取締役および監査役）の全員の同意があるときは，招集の手続を経ることなく開催することができる（368条2項）。

エ．**正しい**。取締役会設置である会計参与設置会社において，計算書類（436条3項，441条3項，444条5項）の承認を行う取締役会を招集する者は，当該取締役会の日の1週間（これを下回る期間を定款で定めた場合にあっては，その期間）前までに，各会計参与に対してもその通知を発しなければならない（376条2項）。また，この取締役会を招集の手続を経ることなく開催するときは，会計参与の全員の同意を得なければならない（376条3項）。

以上より，正しいものはアとエであることから，正解は3となる。

本問のポイント　　特別取締役制度

▼解　説▼

ア．**正しい**。特別取締役による取締役会の決議を行うことができるのは，①取締
　役の数が6人以上であり（373条1項1号），かつ，②取締役のうち1人以上が
　社外取締役（2条15号）である取締役会設置会社である（373条1項2号）。①の
　要件は，取締役の人数の多い会社において，経営の意思決定の機動性を図る趣
　旨である。

イ．**誤　り**。指名委員会等設置会社は，特別取締役による取締役会の決議を行う
　ことができない（373条1項柱書かっこ書）。指名委員会等設置会社は，執行役
　による機動的な業務執行が可能であり（416条4項），特別取締役による取締役
　会の決議を行う必要がないからである。

ウ．**正しい**。特別取締役による取締役会の決議が認められるのは，①重要な財産
　の処分および譲受け（362条4項1号）および②多額の借財（362条4項2号）の決
　議に限られる（373条1項柱書）。

エ．**誤　り**。特別取締役による取締役会の決議を行うには，取締役のうち1人以
　上が社外取締役（2条15号）でなければならない（373条1項2号）。馴合いを防
　止して取締役会の監督機能が働き得ることを保障するためである。特別取締役
　の中に社外取締役がいることまでは要件とはされていない。

　以上より，正しいものはアとウであることから，正解は2となる。

IV
機

関

本問のポイント　会計参与

▼解　説▼

ア．**正しい**。会計参与は，いかなる株式会社でも定款の定めにより任意に設置で
　きる機関であり(326条2項)，公認会計士もしくは監査法人または税理士もし
　くは税理士法人でなければならない(333条1項)。

イ．**誤　り**。株式会社またはその子会社の取締役，監査役もしくは執行役または
　支配人その他の使用人は，会計参与となることができない(333条3項1号)。

ウ．**誤　り**。会計参与は，取締役または執行役と「共同して」，計算書類(435条2
　項に規定する計算書類をいう)およびその附属明細書，臨時計算書類(441条1
　項に規定する臨時計算書類をいう)ならびに連結計算書類(444条1項に規定す
　る連結計算書類をいう)を作成するのが主要な任務である(374条1項6号)。

エ．**正しい**。取締役会設置会社の会計参与(会計参与が監査法人または税理士法
　人である場合にあっては，その職務を行うべき社員)は，計算書類およびその
　附属明細書(436条3項)，臨時計算書類(441条3項)または連結計算書類(444条
　5項)の承認をする取締役会に出席しなければならない(376条1項前段)。この
　場合において，会計参与は，必要があると認めるときは，意見を述べなければ
　ならない(376条1項後段)。

　以上より，正しいものはアとエであることから，正解は3となる。

本問のポイント　　監査役

▼解　説▼

ア．**誤　り**。取締役と同様に，監査役は自然人に限られ，法人が監査役になるこ
とはできない(335条1項・331条1項1号)。

イ．**誤　り**。監査役は，いつでも，取締役および会計参与ならびに支配人その他
の使用人に対して事業の報告を求め，または監査役設置会社(2条9号)の業務
および財産の状況の調査をすることができる(381条2項)。なお，非公開会社
(監査役会設置会社および会計監査人設置会社を除く)は，その監査役の監査の
範囲を会計に関するものに限定する旨を定款で定めることができるが(389条1
項)，この場合には,381条2項は適用されない(389条7項)。

ウ．**正しい**。監査役は，株式会社もしくはその子会社の取締役もしくは支配人そ
の他の使用人または当該子会社の会計参与(会計参与が法人であるときは，そ
の職務を行うべき社員)もしくは執行役を兼ねることができない(335条2項)。
監査する者と監査される者とが同一人であっては，監査役の独立性が損なわ
れ，監査が無意味となるため，監査役については，上記の者との兼任が禁止さ
れている。

エ．**正しい**。監査役の任期は，原則として，選任後4年以内に終了する事業年度
のうち最終のものに関する定時株主総会の終結の時に満了する(336条1項)。
例外として，任期の伸長については336条2項に，短縮については同条3項に
それぞれ規定が置かれている。

　以上より，正しいものはウとエであることから，正解は6となる。

本問のポイント 会計監査人

▼解 説▼

ア．**正しい**。会計監査人には，独立した職業的専門家の立場から計算書類等の監査(会計監査)を行い，株主および債権者の利益を保護することが求められる。そのため，会社法は，会計監査人について，公認会計士または監査法人でなければならないと定めている(337条1項)。

イ．**正しい**。監査役会設置会社においては，株主総会に提出する会計監査人の選任および解任ならびに会計監査人を再任しないことに関する議案の内容は，監査役会が決定する(344条1項3項。監査役会設置会社以外の監査役設置会社については，344条1項2項参照)。会計監査人の独立性を確保する趣旨である。

ウ．**誤 り**。監査役会設置会社における会計監査人の報酬等は，取締役会(327条1項2号)が決定する(399条1項)。会計監査人の独立性の確保という観点からは，記述イ．と同様に決定権を監査役会に与える方が望ましいともいえる。しかし，報酬等の決定は，選任・解任・不再任に関する議案の内容の決定と比べ，財務に関する経営判断としての要素がより強く，また，監査役会が有する同意権(399条1項2項)を適切に行使すれば会計監査人の独立性は確保できると考えられることから，取締役会に委ねられている。

エ．**誤 り**。会計監査人は役員等であるから(423条1項)，責任追及の訴えの対象となる(847条1項)。

以上より，正しいものはアとイであることから，正解は1となる。

本問のポイント　　監査等委員会設置会社

▼**解　説**▼

ア．**正しい**。監査等委員会設置会社は，取締役会を置かなければならない(327条1項3号)。監査等委員会設置会社は，取締役会の監督機能を充実する目的で設けられた機関設計の制度だからである。

イ．**誤　り**。会社法は，監査等委員会設置会社(種類株式発行会社を除く)の取締役の選任は,「株主総会」が監査等委員である取締役と監査等委員以外の取締役とを区別してしなければならないと定める(329条2項)。つまり，監査等委員会設置会社では，監査等委員の地位と取締役の地位が一体となっており，両者が分離されることはない。したがって,「取締役会」が取締役の中から監査等委員を選定するという本記述は誤りである。

ウ．**正しい**。監査等委員会設置会社は，社外取締役による監督機能に期待する制度であり，監査等委員である取締役は，3人以上で，その過半数は，社外取締役でなければならないとされる(331条6項)。

エ．**誤　り**。指名委員会等設置会社とは異なり(402条参照)，監査等委員会設置会社には執行役が置かれない。そのため，監査等委員会設置会社の業務は，取締役会が選定した代表取締役，代表取締役以外の業務執行取締役によって執行される(363条1項)。

以上より，正しいものはアとウであることから，正解は2となる。

IV
機

関

問題 32

正解 **3**

本問のポイント 指名委員会等設置会社

▼解　説▼

ア．**正しい**。指名委員会等設置会社とは，指名委員会，監査委員会および報酬委員会を置く株式会社をいう（2条12号）。したがって，指名委員会，監査委員会および報酬委員会は，指名委員会等設置会社の必置の機関ということになる。

イ．**誤 り**。株式会社は，その規模に関係なく，また，公開会社であるか否かにかかわらず，指名委員会等設置会社となることができる(326条2項)。

ウ．**誤 り**。指名委員会等設置会社においては，取締役は，株主総会の決議によって選任され(329条1項)，各委員会の委員は，取締役の中から，取締役会の決議によって選定される(400条2項)。なお，各委員会は，それぞれ委員である取締役3人以上で組織されるが(400条1項2項)，その過半数は社外取締役（2条15号)でなければならない(400条3項)。

エ．**正しい**。指名委員会等設置会社においては，3委員会(特に監査委員会)が内部統制システムを利用する形で会社の業務執行に対する監督を行うが,「企業の財務報告の信頼性を確保する」仕組みの構築を通じて3委員会を十分に機能させるためには，会計監査人の存在が不可欠である。そこで，会社法は，指名委員会等設置会社は，会計監査人を置かなければならないとしている(327条5項)。

以上より，正しいものはアとエであることから，正解は3となる。

本問のポイント　執行役

▼解　説▼

ア．**正しい**。取締役会は，法の定める基本的事項を除いて（416条4項ただし書），業務執行の決定を執行役に委任することができる（416条本文）。したがって，指名委員会等設置会社における取締役会は，執行役に重要な財産の処分・譲受け，募集株式の発行，社債の発行などの決定を大幅に委任することができる（原則と例外の逆転⇔362条4項柱書参照）。これによって，会社の弾力的かつ迅速な経営が可能となる。

イ．**正しい**。執行役は，取締役を兼ねることができるが（402条6項），監査委員を兼ねることはできない（400条4項）。執行役と監査委員の兼任を認めると，監査される者と監査する者が同じ者となってしまい，監査の実効性を確保することができなくなるからである。

ウ．**誤り**。執行役は，取締役会の決議によって選任される（402条2項）。

エ．**誤り**。執行役の任期は，選任後1年以内に終了する事業年度のうち最終のものに関する定時株主総会の終結後最初に招集される「取締役会」の終結の時までとされる（402条7項本文）。指名委員会等設置会社においては，業務執行の決定権限に関して，その多くの部分を執行役へ委任することが認められている（416条4項本文）。そのため，執行役の適否について短期間で取締役会の信任を問う必要があることから，選任後1年以内という短い任期が設けられている。なお，定款で定めることにより，任期を短縮することも可能である（402条7項ただし書）。

以上より，正しいものはアとイであることから，正解は1となる。

本問のポイント　　会計帳簿および計算書類

▼解　説▼

ア．**正しい**。会社法は，商法総則中の計算に関する基本規定を会社法中に盛り込み，自己完結的な制度を構築している。そこで，株式会社の会計は，一般に公正妥当と認められる企業会計の慣行に従うものとされ(431条)，株式会社は，法務省令で定めるところにより，適時に，正確な会計帳簿を作成しなければならない(432条1項)とされている。

イ．**誤　り**。原則として，株式会社は，定時株主総会において，貸借対照表・損益計算書などの計算書類について，その承認を受けなければならない(438条2項)。例外として，会計監査人設置会社については，会社法436条3項の承認を受けた計算書類が法令および定款に従い株式会社の財産および損益の状況を正しく表示しているものとして法務省令で定める要件に該当する場合には，定時株主総会の承認を求める必要はなく，取締役会の承認で確定することができる(439条前段)。また，株式会社は，定時株主総会の終結後遅滞なく，貸借対照表(大会社にあっては，貸借対照表および損益計算書)を公告しなければならない(440条1項)。ただし，有価証券報告書を内閣総理大臣に提出しなければならない株式会社は，EDINET(Electronic Disclosure for Investors' NETwork,「金融商品取引法に基づく有価証券報告書等の開示書類に関する電子開示システム」)等で詳細な情報提供をしているため，公告は不要である(440条4項，金融商品取引法24条1項)。

ウ．**誤　り**。総株主の議決権の100分の3以上の議決権を有する株主または発行済株式の100分の3以上の数の株式を有する株主は，株式会社に対して，会計帳簿またはこれに関する資料(会計帳簿の記録材料となった資料)について，原則として営業時間内はいつでもその閲覧・謄写を請求することができる(433条1項1号)。しかし，債権者は，会計帳簿またはこれに関する資料の閲覧・謄写を請求できない。なお，株主および債権者は，株式会社の営業時間内は，いつでも，計算書類等の閲覧・謄本または抄本の交付を請求することができる(442条3項1号2号)。

エ．**正しい**。株式会社は，その成立の日における貸借対照表を作成しなければならない（435条1項）。また，各事業年度に係る貸借対照表・損益計算書などの計算書類および事業報告ならびにこれらの附属明細書を作成しなければならない（435条2項）。

以上より，正しいものはアとエであることから，正解は3となる。

 問題 **35**

本問のポイント 資本金の額

▼解 説▼

ア．**正しい**。資本金の額は，原則として，設立または株式の発行に際して株主と
なる者が会社に対して払込み・給付をした財産の額の総額である(445条1項)。
払込み・給付に係る額の2分の1を超えない額は，資本金として計上しないこ
とも可能であるが(445条2項)，この場合，資本金として計上しないこととし
た額は，資本準備金として計上しなければならない(445条3項)。つまり，払
込み・給付をした財産の額の少なくとも2分の1以上は資本金として計上しな
ければならない。

イ．**誤 り**。定款の絶対的記載事項とは，定款に必ず記載・記録しなければなら
ない事項をいう。その記載・記録がないと定款全体が無効となる。株式会社の
定款の絶対的記載事項は，27条に列挙されている①目的，②商号，③本店の所
在地，④設立に際して出資される財産の価額またはその最低額，⑤発起人の氏
名または名称および住所，それと⑥発行可能株式総数(37条1項,98条)である。
発行可能株式総数は，原始定款(27条)に記載・記録する必要はないが，設立登
記の時点までには，必ず定款に定めておかなければならない(37条1項2項,98
条)。株式会社の資本金の額は，定款の絶対的記載事項ではない。

ウ．**正しい**。資本金の額の減少は，原則として株主総会決議で定めた「資本金の
額の減少がその効力を生ずる日」(447条1項3号)にその効力を生ずる(449条6
項柱書本文1号)。ただし，債権者異議手続が終了していないときは，それが
終了しない限り効力が生じない(449条6項柱書ただし書)。

エ．**誤 り**。資本金の額の減少の手続等に瑕疵がある場合には，会社関係をめぐ
る法的安定性を図るために，無効の一般原則を修正し，資本金の額の減少の無
効は，資本金の額の減少の効力が生じた日から6箇月以内に訴えをもってのみ
主張することができ(828条1項5号)，提訴権者も制限されている(828条2項
5号)。そして，資本金の額の減少の無効の訴えに係る請求を認容する確定判
決は，第三者に対しても効力を有し(対世効,838条)，また，判決の遡及効は否
定されており，「将来に向かってその効力を失う」(839条,834条5号)。

以上より，正しいものはアとウであることから，正解は2となる。

本問のポイント   資本金・準備金

▼解　説▼

ア．**誤　り**。資本金の額は，原則として，設立または株式の発行に際して株主と
なる者が株式会社に対して払込み・給付をした財産の額の総額である（445条1
項）。自己株式の処分は「株式の発行」にあたらないから（199条1項柱書5号参
照），資本金の額は増加しない。

イ．**正しい**。資本金の額を減少するためには，原則として，株主総会の特別決議
（447条1項，309条2項9号）が必要となる。特別決議を要求した理由は，会社
が資本金の額の減少をする場合には，事業規模の縮小等のいわば「会社の一部
清算」が生じることが多いためである。しかし，減少する資本金の額が定時株
主総会の日における欠損の額として法務省令で定める方法により算定される額
（施行規則68条）を超えない場合には，定時株主総会の普通決議によれば足りる
（309条2項9号かっこ書）。減少する資本金の額全額を欠損のてん補にあてる
場合には，将来の剰余金の配当が容易になるだけで，会社財産の流出に直ちに
つながることはなく（会社の一部清算の性質は乏しい），株主の利益は害されな
いからである。

ウ．**正しい**。資本金は，会社財産を確保するための基準となるものであり（446条
1号ニ参照），その減少は，会社財産の流出を容易にし，会社債権者の利益に
重大な影響を与える。そのため，資本金の額を減少する際には，例外なく債権
者異議手続をとらなければならない（449条1項本文）。

エ．**誤　り**。準備金の額を減少する場合にも，原則として，債権者異議手続が必
要である（449条1項柱書）。しかし，準備金の額の減少には例外規定があり，
①減少する準備金の額の全部を資本金とする場合（449条1項柱書第2かっこ
書），②定時株主総会の決議による準備金の額のみの減少であって，減少する
準備金の額がこれを決める定時株主総会の日における欠損の額を超えない場合
（449条1項ただし書，計算規則151条）には，債権者異議手続は不要である。

以上より，正しいものはイとウであることから，正解は4となる。

V
計算等

本問のポイント　株式会社間の事業の譲渡

▼**解　説**▼

ア．**誤　り**。会社法においては，改正前商法の「営業」を「事業」とする用語の整理
　　が行われ，従来の「営業譲渡」は「事業の譲渡」とされた（21条以下）。ただ，その
　　規整の実質に変更はないので，従前の「営業」概念についての判例の考え方は，
　　「事業」概念にもあてはまると解されている。この「事業の譲渡」の意義について
　　は，見解の対立があり，最高裁判所の判決の立場は，①法律関係を明確にする
　　こと，②取引の安全を確保する観点から，「一定の営業〔事業〕目的のため組織化
　　され，有機的一体として機能する財産（得意先関係等の経済的価値のある事実
　　関係を含む）の全部または重要な一部を譲渡し，これによって，譲渡会社がそ
　　の財産によって営んでいた営業〔事業〕的活動の全部または重要な一部を譲受人
　　に受け継がせ，譲渡会社がその譲渡の限度に応じ法律上当然に〔改正前〕商法25
　　条〔会社法21条〕に定める競業避止義務を負う結果を伴うものをいう」としてい
　　る（最判昭40.9.22）。

イ．**正しい**。譲渡会社は，不正の競争の目的をもって同一の事業を行ってはなら
　　ない（21条3項）。譲受会社との特約によって競業避止義務が排除されている場
　　合（21条1項）においても同様である。

ウ．**正しい**。事業譲渡がされても，譲受会社が譲渡会社の商号を引き続き使用し
　　ないのであれば，債務者交替による更改（民法514条）や債務引受け（民法470条
　　〜472条の4）等がされない限り，原則として，譲受会社は譲渡会社の債務に
　　ついて弁済をする責任を負わない（22条）。しかし，譲受会社が譲渡会社の商号を
　　引き続き使用しない場合であっても，譲渡会社の事業によって生じた債務を引
　　き受ける旨の広告をしたときは，譲渡会社は，譲渡会社の債権者に対して弁済
　　をする責任を負う（23条1項）。債務引受けの広告をした以上，禁反言の法理が
　　働くからである。

エ. **誤　り**。会社法は，譲渡会社が残存債権者を害することを知って事業を譲渡
した場合には，残存債権者は，譲受会社に対して，承継した財産の価額を限度
として，債務の履行を請求することができることとし，残存債権者の保護の強
化を図っている(23条の2第1項本文)。ただし，譲受会社に元から存在した債
権者と，残存債権者との利害の調整を図る必要から，譲受会社が事業の譲渡の
効力が生じた時において残存債権者を害すべき事実を知らなかったときは，残
存債権者は，譲受会社に対して履行を請求することができない(23条の2第1
項ただし書)。

以上より，正しいものはイとウであることから，正解は4となる。

本問のポイント　　解散・清算

▼解　説▼

ア．**正しい**。株式会社は，いつでも，株主総会の特別決議によって解散すること
　ができる(471条3号，309条2項11号)。なお，特定の業種または会社の解散に
　ついては，特別法により，主務大臣の認可が要求されている場合がある(銀行
　法37条1項3号等)。

イ．**誤　り**。株式会社は，少なくとも10年に1度は変更登記をする必要がある
　(取締役の任期は最長でも選任後10年以内に終了する事業年度のうち最終のも
　のに関する定時株主総会の終結の時までであるため。332条2項，911条3項13
　号，915条1項)。10年間1度も登記をしていない会社は事実上営業を廃止してい
　るものと考えられる。そこで，会社法は，最後の登記後12年を経過した株式会
　社(＝休眠会社)が，「事業を廃止していないときは本店の所在地を管轄する登記
　所にその届出をせよ」という法務大臣の公告およびその公告があった旨の登記
　所の通知があったにもかかわらず，公告の日から2箇月以内に届出(施行規則
　139条)または登記をしないときは，その2箇月の期間の満了の時に解散したも
　のとみなすこととした(472条1項本文)。

ウ．**正しい**。清算株式会社は，法人格としては従前の会社と異なるところはない
　が，その権利能力は清算の目的の範囲内に縮減される(476条)。清算の目的の
　ために行う商品の売却や仕入れ等を除き，営業取引を行う能力は認められない
　ことになる。そのため，営業取引を行うことを前提とする制度や規定は，清算
　株式会社には，原則として適用されなくなる。すなわち，清算株式会社は営業
　取引を行えないことから，取締役はその地位を失い，清算人がそれに代わって
　清算事務を行う(477条1項)。他方，株主総会は営業取引を前提とする制度で
　はないため，清算株式会社となっても引き続き必須機関であり続ける。

エ．**誤　り**。会社法は，清算株式会社も募集株式の発行や社債の発行を行うこと
　ができるとする(108条3項かっこ書，487条2項1号，489条6項5号，491条)。
　募集株式の発行については，子会社の清算を円滑に進めるため親会社が資金提
　供を行う場合等に実益があり，また，社債の発行についても，清算過程におい
　て現金の調達のため必要となることがあるからである。

　以上より，正しいものはアとウであることから，正解は2となる。

本問のポイント　　持分会社

▼解　説▼

ア．**誤　り**。持分会社(＝合名会社，合資会社，合同会社。575条1項かっこ書)における有限責任社員の出資の目的は，金銭等(金銭その他の財産，151条1項柱書参照)に限られている。これに対し，無限責任社員の出資の目的は，財産のほか労務・信用でもよい。退社に伴い「出資の種類を問わず」持分の払戻しを受けることができる旨の規定(611条1項)や，「出資の種類を問わず」金銭で払い戻す旨の規定(611条3項)は，無限責任社員の出資が労務・信用でもよいことを前提とした規定である。

イ．**正しい**。持分会社においては，各社員は原則として業務執行の権利義務を有し(590条1項)，誰が社員であるかという社員の個性が重視される。そこで，定款で別段の定めがない限り(585条4項)，原則として，持分(＝社員たる地位)を譲渡するためには他の社員全員の承諾が必要である(585条1項)。なお，業務執行社員でない有限責任社員の持分の譲渡については，個性がそれほど重視されないことから，原則として業務執行社員全員の承諾で足りるとされている(585条2項)。

ウ．**誤　り**。無限責任社員の責任は，①持分会社の財産をもってその債務を完済することができない場合，または，②持分会社の財産に対する強制執行が効を奏しなかった場合に，連帯して，持分会社の債務を弁済する補充的(二次的・従属的)な責任である(580条1項)。

エ．**正しい**。持分会社の社員は，定款に別段の定めがある場合を除き，持分会社の業務を執行する(590条1項)。持分会社は，相互に人的信頼関係を有する比較的少人数の社員が自ら事業を行うことを予定した会社類型である。

以上より，正しいものはイとエであることから，正解は5となる。

Ⅶ 解散・清算

Ⅷ 持分会社

本問のポイント 合同会社

▼解 説▼

ア．**正しい**。合同会社は間接有限責任を負う社員のみで構成されているため(576条4項,580条2項)，会社財産が会社債権者にとっての唯一の担保となる。そこで，会社財産の確保のために，設立の登記をする時までに，出資に係る金銭の全額を払い込み，またはその出資に係る金銭以外の財産の全部を給付しなければならない(578条本文)。なお,604条3項参照。

イ．**誤 り**。合同会社の債権者は，持分会社の社員と同様(618条1項参照)，会社の営業時間内であればいつでも，計算書類の閲覧・謄写の請求をすることができるものとされている(625条)。

ウ．**正しい**。合同会社においても，社員が持分を譲渡するためには，原則として，他の社員全員の承諾が必要である(585条1項)。ただ，例外として，業務を執行しない有限責任社員の場合には，業務執行社員全員の承諾があれば，持分の譲渡が認められる(585条2項)。

エ．**誤 り**。「合同会社が持分の払戻しにより社員に対して交付する金銭等の帳簿価額が当該持分の払戻しをする日における剰余金額を超える場合」には，債権者異議手続をしなければならない(635条1項)。一定の手続を履行する必要は生じるが(635条2項3項)，持分の払戻しを受けられないわけではない。

以上より，正しいものはアとウであることから，正解は2となる。

本問のポイント　株式会社と合同会社の比較

▼解　説▼

ア．**誤　り**。株式会社の場合には，設立に際して公証人による定款の認証が必要であるが(30条1項)，合同会社では，公証人による定款の認証は不要である(575条参照)。

イ．**正しい**。株式会社では，純資産額300万円を下回る会社は，剰余金の配当をすることができない(458条)。これに対して，合同会社では，このような規制はない。

ウ．**誤　り**。株式会社では，大会社(2条6号)であれば会計監査人の設置が義務付けられる(328条1項)。しかし，合同会社では，大会社に相当する資本金・負債規模の会社であっても，会計監査人の設置は義務づけられていない。立法論としては，株式会社に準じて会計監査人の設置を強制すべきであるとの意見が強いとされている。

エ．**正しい**。株式会社では，貸借対照表(大会社にあっては，貸借対照表および損益計算書)の公告が義務づけられている(440条1項)。しかし，合同会社には，貸借対照表の公告は義務づけられていない。

　以上より，正しいものはイとエであることから，正解は5となる。

本問のポイント　社債

▼解　説▼

ア．**正しい**。会社(株式会社のみならず，持分会社も)は，社債を発行することができる(社債の規定は，持分会社の後に第4編としてまとめて置かれている)。閉鎖的な性格を有する持分会社においても，資金調達の便宜の観点から，社債の発行が認められている。

イ．**誤　り**。改正前商法299条は，「同一種類ノ社債ニ在リテハ各社債ノ金額ハ均一ナルカ又ハ最低額ヲ以テ整除シ得ベキモノナルコトヲ要ス」と規定し，各社債の金額の均一性を規定していた。しかし，会社法は，このような規定を置いていない(676条参照)。

ウ．**正しい**。会社は，社債を発行した日以後遅滞なく，社債原簿を作成し，これに社債原簿記載事項を記載または記録しなければならない(681条柱書)。

エ．**誤　り**。社債とは，会社法の規定により会社が行う割当てにより発生する当該会社を債務者とする金銭債権であって,676条各号に掲げる事項についての定めに従い償還されるものをいう(2条23号)。すなわち，社債権者は会社に対する債権者にすぎないのであって，株主や持分会社の社員と異なり，会社の経営に関与する権利は認められていない。

以上より，正しいものはアとウであることから，正解は2となる。

問題 43

本問のポイント 　合併

▼解　説▼

ア．**正しい**。合併とは，2以上の会社が契約によって1の会社に合同することであり，これには，吸収合併と新設合併の2種類がある。吸収合併とは，会社が他の会社とする合併であって，合併により消滅する会社の権利義務の全部を合併後存続する会社に承継させるものをいい(2条27号)，新設合併とは，2以上の会社がする合併であって，合併により消滅する会社の権利義務の全部を合併により設立する会社に承継させるものをいう(同条28号)。

イ．**誤　り**。吸収合併・新設合併を問わず，合併は，すべての種類の会社間においてすることができる(2条27号28号)。

ウ．**正しい**。債務者である会社が財産状態の良くない会社と合併をすると，債権の回収が困難となり，債権者は重大な影響を受ける。そのため，合併の各当事会社は，その債権者に対して，合併について異議を述べる機会を与えなくてはならないとされている(789条1項1号，793条2項，799条1項1号，802条2項，810条1項1号，813条2項)。

エ．**誤　り**。吸収合併の効力は，合併契約に定められた効力発生日に発生する(749条1項6号，750条1項3項，751条1項7号，752条1項3項)。しかし，新設合併の効力は，設立会社の成立の日(設立登記の日)に発生する(754条1項2項，756条1項2項，49条，579条)。

　　以上より，正しいものはアとウであることから，正解は2となる。

問題 44

正解 **6**

| 本問のポイント | 株式会社の会社分割 |

▼解　説▼

ア．**誤　り**。会社分割とは，１つの会社を２つ以上の会社に分けることをいう。そして，この会社の分割には，①株式会社または合同会社がその事業に関して有する権利義務の全部または一部を分割後他の会社(承継会社)に承継させること(吸収分割，２条29号)と，②１または２以上の株式会社または合同会社がその事業に関して有する権利義務の全部または一部を分割により設立する会社(新設会社)に承継させること(新設分割，２条30号)とがある。

イ．**誤　り**。合併と異なって，会社分割がなされても，分割会社は分割後も存続する。したがって，会社分割がなされても，分割会社は解散しない。

ウ．**正しい**。会社分割により，分割会社の債務は，法律上当然に承継会社または新設会社に承継される(759条１項，761条１項，764条１項，766条１項)。したがって，事業に含まれる債務を，分割会社から他の会社に承継させるには，債権者の個別の承諾は不要である。

エ．**正しい**。会社分割は，当事会社の株主に重大な影響を及ぼす。そこで，会社分割を行うには，株主総会の決議によって，吸収分割契約の承認または新設分割計画の承認を受けなければならない(吸収分割の分割会社は783条，承継会社は795条，新設分割の分割会社は804条)。

以上より，正しいものはウとエであることから，正解は６となる。

正解 **6**

本問のポイント 株式交換・株式移転

▼解 説▼

ア．**誤 り**。会社法の定義によると，株式移転とは，1または2以上の株式会社がその発行済株式の全部を新たに設立する「株式会社」に取得させることをいう（2条32号）。株式移転は，株式交換と同様，完全親子会社関係を創設することを目的とする会社の行為であるが，株式交換では既存の株式会社または合同会社が完全親会社になるのに対して（2条31号），株式移転では新たに設立される「株式会社」が完全親会社になる。

イ．**誤 り**。会社法が株式交換・株式移転の当事会社に債権者異議手続を要求するのは，会社債権者の利害に影響を及ぼす場面（789条1項3号，810条1項3号等。この場合には，株式交換・株式移転の前後で社債の債務者に変更が生じるため，会社債権者たる新株予約権付社債の社債権者が影響を受けることになる）に限られている。常に債権者異議手続をとらなければならないわけではない。

ウ．**正しい**。株式交換は，株式交換契約で定めた効力発生日（768条1項6号）に効力が発生し（769条1項），株式移転は，新設会社の成立の日（設立登記の日）に効力が発生する（774条1項）。

エ．**正しい**。株式交換・株式移転のような組織再編行為において手続に瑕疵があれば，株主や会社債権者の利益を守るため，これらの組織再編行為を無効とするのが望ましい。しかし，その解決を一般原則に委ねると，取引の安全を害することになる。そこで，株式交換無効の訴え・株式移転無効の訴えが法定され，訴えによらなければ無効の主張ができない（828条1項柱書11号12号）。

　以上より，正しいものはウとエであることから，正解は6となる。

本問のポイント　　会社の組織に関する訴え

▼解　説▼

ア．**正しい。**株主総会の決議の無効の確認の訴え・不存在の確認の訴え(830条)については，株主総会の決議取消しの訴え(831条1項柱書)のような提訴期間についての制限はない。

イ．**誤　り。**新株発行の無効は，瑕疵の主張の可及的制限の要請から，株式の発行の効力が生じた日から6箇月以内(非公開会社にあっては，株式の発行の効力が生じた日から1年以内)に訴えをもってのみ主張することができる(828条1項2号)。

ウ．**正しい。**法律関係の画一的確定の要請から，会社の組織に関する訴えに係る請求を認容する確定判決は，第三者に対してもその効力を有する(対世効，838条)。

エ．**誤　り。**会社の組織に関する訴えに係る請求を認容する確定判決のうち，将来に向かってその効力を失うのは，「第834第1号から第12号の2まで，第18号及び第19号に掲げる訴え」に限られる(839条かっこ書)。

以上より，正しいものはアとウであることから，正解は2となる。

本問のポイント 組織変更

▼解　説▼

ア．**正しい**。組織変更とは，法人格の同一性を保ちながら，株式会社が組織を変更して持分会社(合名会社・合資会社・合同会社)に変わること，または，持分会社(合名会社・合資会社・合同会社)が株式会社に変わることをいう(2条26号)。合名会社，合資会社および合同会社の間での会社類型の変更は組織変更ではない。

イ．**正しい**。持分会社が組織変更をする場合には，組織変更後の株式会社の定款記載事項や組織変更後の株式会社の取締役の氏名等，法定事項を定めた組織変更計画を作成しなければならないが(743条，746条)，組織変更計画を事前に開示することは要求されていない(株式会社が組織変更をする場合には事前に開示する必要がある。775条1項参照)。持分会社には手続の簡素性の必要から書類の備置き・開示義務を課すことが適当ではないからである。

ウ．**誤　り**。組織変更をすると，会社財産の確保に対する規制が変化し，会社債権者に不利な事態が生じ得る。そこで，組織変更をする株式会社は，債権者異議手続をとるよう義務づけられている(779条)。

エ．**誤　り**。責任の態様や持分の譲渡性等，大きな変化が生じることから，組織変更をする株式会社は，効力発生日の前日までに，組織変更計画について総株主の同意を得なければならない(776条1項)。総株主の同意が要件となっているため，反対株主は存在せず，したがって，株式買取請求の問題も生じない。なお，組織変更の効力は，原則として組織変更計画において定められた効力発生日に生じる(744条1項9号，746条9号。なお，745条6項，747条5項に注意)。組織変更により成立した会社は，本店の所在地において，組織変更前の会社については解散の登記，組織変更後の会社については設立の登記をしなければならないが(920条)，この登記は組織変更の効力発生要件ではない。

以上より，正しいものはアとイであることから，正解は1となる。

XI
訴訟・非訟

本問のポイント　　商人と商行為

▼解　説▼

ア．**誤　り**。「利益を得て譲渡する意思（投機意思）をもってする動産，不動産若しくは有価証券の有償取得（投機購買），又はその取得したものの譲渡を目的とする行為（実行行為）」（商法501条1号）は，商人でない者が1回限り行っても商行為となる（絶対的商行為）。しかし，取得する時点で投機意思があることを要するので（大判昭14.2.18），投機意思を有しないで購入したマンションを，利ざやを稼ぐ意思で転売しても，絶対的商行為にあたらない。

イ．**正しい**。「商人」とは，自己の名をもって商行為をすることを業とする者である（商法4条1項）。この点，「仲立ち又は取次ぎに関する行為」（商法502条11号）とは，他人間の法律行為の媒介を引き受ける行為であり，営利の目的をもって，反復継続して行う場合にのみ「商行為」となる（営業的商行為，商法502条柱書本文）。そして，他人間の婚姻の媒介も，婚姻という法律行為を媒介するものであるから，これを営業として行えば，「商行為」となる。したがって，他人間の婚姻の媒介を業とする者は，「商人」となる。なお，媒介される法律行為が商行為の場合は，「仲立人」となる（商法543条）。

ウ．**誤　り**。地方公共団体のような公法人も私経済的経営の方式を採用し，そこに収入の目的がある場合には，商人資格を取得する（商法2条参照，大判大6.2.3）。したがって，公法人が収益事業を営むときは，その限りで商人となる。また，自然人の場合，商人資格は，営業の開始時に取得されると考えられるが，基本的商行為を行う以前の開業準備の段階で開業準備行為を附属的商行為（商法503条）であるととらえて，商人となると考えられている（最判昭47.2.24）。

エ．**正しい**。自家栽培の野菜を販売すること等の原始生産については，絶対的商行為（商法501条）や営業的商行為（商法502条）にはあたらない。しかし，「店舗その他これに類似する設備によって物品を販売することを業とする者」は，商行為を行うことを業としない者であっても，「商人」とみなされる（擬制商人，商法4条2項）。また，学習塾を営む行為も絶対的商行為や営業的商行為にはあたらない。しかし，会社が「その事業としてする行為及びその事業のためにする行為」は，「商行為」とされる（会社法5条）。そこで，会社は，自己の名をもって商行為をすることを業とする者であり，「商人」となる（商法4条1項）。したがって，いずれの場合にも，「商人」となる。

以上より，正しいものはイとエであることから，正解は5となる。

本問のポイント   商業登記

▼解　説▼

ア．**正しい**。商法第1編総則の規定により登記すべき事項は，登記の後でなけれ
ば，これをもって善意の第三者に対抗することができない（商法9条1項前段，
なお会社法908条1項前段参照）。したがって，登記の前でも悪意の第三者には対
抗できるのであり，常にこれを第三者に対抗することができないわけではない。

イ．**正しい**。登記の後であっても，第三者が正当な事由によってその登記がある
ことを知らなかったときは，登記事項をもってその善意の第三者に対抗するこ
とができない（商法9条1項後段，なお会社法908条1項後段参照）。ここにい
う「正当な事由」とは，客観的障害事由（災害による交通途絶など）をいい，主観
的障害事由は含まれない（通説）。したがって，たとえ第三者が病気で登記簿を
閲覧できなかったために登記事項を知らなかったとしても，その第三者に対し
て登記事項を対抗することができる。

ウ．**誤　り**。最高裁判所の判決は，不実の登記の出現に加功したにすぎない者に
も，改正前商法14条〔商法9条2項ないし会社法908条2項〕を類推適用して責
任を負わせている。すなわち，商法9条2項〔会社法908条2項〕の「不実の事項
を登記した者」とは，当該登記を申請した商人を指すが，その不実の登記事項
が取締役への就任であり，かつその就任の登記につき取締役とされた本人が承
諾を与えた場合は，その取締役もまた不実の登記の出現に加功した者というべ
く，本条項を類推適用して，同人も，故意または過失がある限り，当該登記事
項の不実なことをもって善意の第三者に対抗することができない，としている
（最判昭47.6.15）。また，最高裁判所の判決は，株式会社の取締役を辞任した
者が，登記申請権者である当該会社の代表者に対し，辞任登記を申請しないで
不実の登記を残存させることに明示の承諾を与えていた等の場合についても，
同様に解している（最判昭62.4.16）。

エ．**誤　り**。登記事項には，必ず登記しなければならない事項（絶対的登記事項）
と，登記するかどうかが当事者の意思に委ねられている事項がある（相対的登
記事項）。しかし，相対的登記事項であっても，登記した事項に変更が生じ，
またはその事項が消滅したときは，当事者は，遅滞なく，変更の登記または消
滅の登記をしなければならない（商法10条，会社法909条）。

　　以上より，正しいものはアとイであることから，正解は1となる。

本問のポイント　　商号

▼**解　説**▼

ア．**正しい**。1個の営業については1個の商号しか使用できないという原則を，商号単一の原則という。商法上，商号単一の原則について特に定めた規定はないが，一般的に承認されている原則である。そして，会社の場合は，会社の商号は自然人の氏名と同じでその全人格を表し（会社法6条1項参照），すべての生活関係で用いられるべきであるから，その商号は1個に限られる。これに対して，個人商人は，各営業ごとに各別の商号を有することができる。

イ．**誤　り**。商人（会社および外国会社を除く）は，その氏，氏名その他の名称をもってその商号とすることができる（商法11条1項）。しかし，会社は，その名称を商号としなければならず（会社法6条1項），株式会社，合名会社，合資会社または合同会社の種類に従い，それぞれその商号中に株式会社，合名会社，合資会社または合同会社という文字を用いなければならない（同条2項）。したがって，会社は，自由な名称をもってその商号とすることができるわけではない。

ウ．**正しい**。何人も，不正の目的をもって，他の商人であると誤認されるおそれのある名称または商号を使用してはならない（商法12条1項）。そして，これに違反する名称または商号の使用によって営業上の利益を侵害され，または侵害されるおそれがある商人は，その営業上の利益を侵害する者または侵害するおそれがある者に対し，その侵害の停止または予防を請求することができる（同条2項）。

エ．**誤　り**。商号の譲渡は，その登記をしなければ，これをもって第三者に対抗することができない（商法15条2項）。しかし，その旨の登記を行わなくても，当事者間では譲渡の効力を生じる（商法15条1項）。

以上より，正しいものはアとウであることから，正解は2となる。

XII
総則・
商行為

問題 51

本問のポイント 名板貸し

▼解　説▼

　名板貸しとは，商人(名板貸人)が自己の商号を使用して営業・事業をなすことを他人(名板借人)に許諾することをいう。名板貸しがなされると，名板貸人を営業主と勘違いして取引する第三者が現れることが予想される。そこで，商法14条は，禁反言の法理ないし外観法理に基づいて，善意の第三者を保護し取引の安全を図るために設けられた規定である(会社法9条同旨)。

ア．**正しい**。最高裁判所の判例は，名板貸人の責任(商法14条)が生ずるには，原則として，名板貸人と名板借人の営業がその許諾した者の営業と同種の営業でなければならないとする(最判昭36.12.5)。名板貸人の責任の基礎にある外観法理から見て，商号は商人が営業上自己を表すために用いる名称であるから，業種が異なっていれば，商号貸与者を営業主として誤認する可能性は少ないからである。しかし，「特段の事情」があれば，例外が認められるとする(最判昭43.6.13)。

イ．**誤り**。名板貸人は，名板貸人を取引主体であると「誤認」して名板借人と取引をした者に対し，その取引によって生じた債務につき名板借人と連帯して弁済する責任を負う(商法14条)。この「誤認」について，最高裁判所の判例は，「重大な過失は悪意と同様に取り扱うべきものであるから，誤認して取引をなした者に重大な過失があるときは，名義貸与者はその責任を免れるもの」としている(最判昭41.1.27)。

ウ．**正しい**。名板貸人の責任が認められるためには，帰責事由として，名板貸人による名称使用の「許諾」が必要である(商法14条。会社法9条同旨)。そして，この「許諾」は，明示であることを要せず，黙示でもよい(最判昭30.9.9)。単に，自己の商号を他人が利用するのを放置していただけでは，黙示の許諾とはならないが，放置してはならないという作為義務が認められるときは，黙示の許諾といえる(最判昭43.6.13)。

エ．**誤　り**。名板貸人は，名板借人の責任を前提として，連帯して「取引によって生じた債務」を弁済する責任を負う（商法14条）。最判昭52.12.23は，「取引によって生じた債務」とは，第三者において外観を信じて取引関係に入ったため，名義貸与を受けた者がその取引をしたことによって負担することとなった債務を指す旨判示している。交通事故に基づく損害賠償債務は，不法行為による損害賠償債務（民法709条参照）であるから，「取引によって生じた債務」にはあたらず，商法14条の適用はない。

以上より，正しいものはアとウであることから，正解は2となる。

問題 52

正解 3

| 本問のポイント | 営業譲渡 |

▼解 説▼

ア．**正しい**。商号は経済的価値を有するため，それ自体が取引の対象となるが，その譲渡を無制限に認めてしまうと，商号の背後にある営業主・営業の同一性について，公衆が誤解するおそれがある。そこで，商法は，個人商人の商号につき，営業とともにする場合または営業を廃止する場合に限って譲渡することができると規定している(商法15条1項)。

イ．**誤 り**。譲受人が譲渡人の商号を引き続き使用する場合には，その譲受人も，譲渡人の営業によって生じた債務を弁済する責任を負う(商法17条1項)。この責任は，商号の続用という事実に対する債権者の信頼保護に基づくものであるから，商号の譲渡の登記(商法15条2項)がなされているか否かは問わない。

ウ．**誤 り**。譲渡人の営業によって生じた債権について，その譲受人にした弁済は，原則として効力を生じない。しかし，弁済者が善意でかつ重大な過失がないときは，その効力を有する(商法17条4項)。したがって，すべての弁済が有効なものとして扱われるわけではない。

エ．**正しい**。譲受人が商号の続用をしない場合，商号続用による営業主体の誤認・混同を生じるおそれはなく，譲受人は，譲渡人の営業によって生じた債務を弁済する責任を負わないはずである(商法17条参照)。しかし，商号続用の事実がない場合でも，譲受人が譲渡人の営業によって生じた債務を引き受ける旨の広告をしたときは，広告という外見的事実を表示したという事実に基づいて，譲受人もまた弁済の義務を負う(商法18条1項)。

以上より，正しいものはアとエであることから，正解は3となる。

問題 53

本問のポイント 商業帳簿

▼**解　説**▼

ア．**誤 り**。個人商人および会社は，商業帳簿を作成しなければならない（商法19条2項，会社法432条1項, 435条1項, 615条1項, 617条1項）。しかし，小商人は，商業帳簿を作成しなくてもよい（商法7条は，第5章を適用しないとしている）。商業帳簿や商業登記の規定を適用することは，小商人にとって煩雑であるし，これを適用することはかえって他の商人の妨げともなるからである。

イ．**正しい**。個人商人は，その営業のために使用する財産について，法務省令で定めるところにより，適時に，正確な商業帳簿を作成しなければならない（商法19条2項）。そして，ここに商業帳簿とは，会計帳簿および貸借対照表をいう（商法19条2項かっこ書）。

ウ．**誤 り**。清算人は，清算株式会社の本店の所在地における清算結了の登記の時から10年間，清算株式会社の帳簿ならびにその事業および清算に関する重要な資料を保存しなければならない（会社法508条1項）。そして，この「帳簿」には，商業帳簿が含まれる。

エ．**正しい**。裁判所は，申立てによりまたは職権で，訴訟の当事者（個人商人）に対し，商業帳簿の全部または一部の提出を命ずることができる（商法19条4項）。なお，株式会社については，会社法434条, 443条，持分会社については，会社法616条, 619条に規定がある。

以上より，正しいものはイとエであることから，正解は5となる。

XII
総則・
商行為

本問のポイント　支配人

▼解　説▼

ア. **誤り**。支配人は，裁判上の行為も含めて商人に代わってその営業に関する「一切の裁判上又は裁判外の行為」をなす包括的な権限を有する(商法21条1項)。

イ. **誤り**。支配人は，商人の許可がなければ，自己または第三者のためにその商人の営業の部類に属する取引をすることが禁止される(競業避止義務，商法23条1項2号)だけでなく，営業をすること(商法23条1項1号)，他の商人または会社もしくは外国会社の使用人となること(商法23条1項3号)，会社の取締役，執行役または業務を執行する社員となること(商法23条1項4号)が禁止される(精力分散防止義務)。支配人は，雇用契約に基づき商人に従属してその事業活動を補助する者であることから，精力の分散を防止し，商人のために専心勤務する義務を負わせたものである。

ウ. **正しい**。支配人の選任・終任(代理権の消滅)は，会社だけでなく個人商人についても絶対的登記事由である(商法22条。会社法918条)。支配人は，個人商人(会社)に代わってその営業(事業)に関する一切の裁判上または裁判外の行為をする包括的な権限(＝代理権)を有する(商法21条1項。会社法11条1項)。その選任・終任(代理権の消滅)は，第三者に与える影響が大きいので，登記によって公示することにしたのである。

エ. **正しい**。「商人の営業所の営業の主任者であることを示す名称を付した使用人」(商法24条)を表見支配人という。このような名称を付与された使用人は，外観上支配人と区別できないから，支配人でないことを取引の相手方に主張できるとすれば，善意の相手方の信頼を害することになる。そこで，表見支配人は「当該営業所の営業に関し，一切の『裁判外の行為』をする権限を有するものとみなす」とされている(商法24条本文)。外観への信頼を保護し，取引の安全を図る規定である。

以上より，正しいものはウとエであることから，正解は6となる。

本問のポイント　　商行為の特則

▼解　説▼

ア．**誤　り**。商行為には，行為の性質から当然に商行為となる絶対的商行為（商法501条），営業としてされるときにはじめて商行為となる営業的商行為（商法502条），商人が営業のためにする行為である附属的商行為（商法503条）がある。附属的商行為とされるのは，商人がする行為のうち，「営業のため」にする行為であるから（商法503条1項），本記述は誤りである。なお，個人商人の場合には，営業以外の私的な行為があるため，その行為が「営業のため」にされたかどうか不明な場合がある。そこで，取引の安全を図るために，商法は，商人の行為はその「営業のため」にするものと推定している（商法503条2項）。

イ．**誤　り**。商行為の代理人が本人のためにすることを示さなかった場合でも，その行為の効果は本人に帰属する（商法504条本文）。商行為においては，いちいち本人の名を示すことは煩雑であるし，相手方も本人を知り得ることが多いからである。ただし，その行為の効果が代理人に帰属すると考えていた相手方を保護する必要から，相手方が，代理人が本人のためにすることを知らなかった場合（判例は無過失も要求している）には，代理人に対して履行の請求をすることが認められている（商法504条ただし書，最判昭43.4.24）。

ウ．**正しい**。商行為の受任者は，委任の本旨に反しない範囲内において，委任を受けていない行為をすることができる（商法505条）。

エ．**正しい**。民法上の代理権は，本人の死亡によって消滅するが（民法111条1項1号），商行為の委任による代理権は，本人の死亡によっては消滅しない（商法506条）。商取引を円滑に処理するには，本人の相続人が営業を続け，その者が特に意思表示をしない限り，その者の代理人として代理権を存続させることが実際的だからである。なお，判例（大判昭13.8.1）は，「商行為の委任による代理権」について，商行為を委任する代理権ではなく，商人が支配人のような代理人を選任する場合のように，代理権を授権することが本人のために商行為であるその代理権の意味に解している。

以上より，正しいものはウとエであることから，正解は6となる。

XII
総則・
商行為

▼解　説▼

ア．**誤　り**。商法では，証券の存在しない有価証券は考えられない。しかし，権利が証券や証書に表示されていなくても，投資対象となり投資者の保護を必要とするものであれば，金融商品取引法を適用すべき場合がありうる。そこで，金融商品取引法2条2項前段は，同法2条1項各号に掲げる有価証券および内閣府令で定める有価証券に表示されるべき権利は，これについて当該証券が発行されていなくても，これを有価証券とみなすとしている。さらに，同法2条2項後段は，同条項各号で掲げる「権利は，証券又は証書に表示されるべき権利以外の権利であっても有価証券とみなして，この法律を適用する」としている。

イ．**正しい**。金融商品取引法上の有価証券に該当すると，金融商品取引法第2章に規定するディスクロージャー規制の適用を受ける。つまり，一定規模以上の有価証券の募集または売出しをする場合，内閣総理大臣に有価証券届出書を提出しなければならない（金融商品取引法4条1項，5条1項。2条7項参照）。しかし，国債証券（金融商品取引法2条1項1号）や地方債証券（金融商品取引法2条1項2号）は，通常の有価証券より発行者の信用が高いので，金融商品取引法第2章の規定を適用しなくても，投資者の保護に欠けることはない。そこで，これらは，金融商品取引法3条1号において，金融商品取引法第2章の規定の適用を除外されている（適用除外証券）。

ウ．**誤　り**。公開買付けの対象となる有価証券は，株券等の議決権に関係のある有価証券である。すなわち，「公開買付け」とは，不特定かつ多数の者に対し，公告により株券等の買付け等の申込みまたは売付け等（売付けその他の有償の譲渡をいう）の申込みの勧誘を行い，取引所金融商品市場外で株券等の買付け等を行うことをいう（金融商品取引法27条の2第6項）。公開買付けは，会社の支配権取得またはその強化を狙って行われるため，株価に大きな影響を与える。また，支配株式取得には市場価格を上回る価額（プレミアム）が提供されるのが通例である。そこで，上場会社の株券等を取引所金融商品市場外で買い付ける場合には，一定の要件に該当するものを除き公開買付けの手続によることが原則とされている（金融商品取引法27条の2第1項柱書本文）。

エ．**正しい**。金融商品取引法第2章の3「株券等の大量保有の状況に関する開示」は，会社の支配に大きな影響をもたらすであろうと考えられる場合，すなわち株式の5％を超える取得や保有，株式の需給に大きな影響をもたらす1％を超える保有の変動について情報の開示を義務付けている（金融商品取引法27条の23以下）。「株券等の大量保有の状況に関する開示」の対象となる有価証券は，上場会社，店頭登録会社の発行する株券，新株予約権付社債券その他の政令で定める有価証券（株券関連有価証券という）である（27条の23第1項2項，金融商品取引法施行令14条の4，14条の5の2）。「株券等の大量保有の状況に関する開示」は，大量保有による会社の支配権の影響を問題とするものであるから，議決権をまったく持たない株式は，規制の対象から外れるし，その反面，株式に転化しうる有価証券（ex. 新株予約権証券，新株予約権付社債券）は規制の対象となる。

以上より，正しいものはイとエであることから，正解は5となる。

正解 **2**

本問のポイント 発行開示

▼解　説▼

ア．**正しい。**有価証券の募集または売出しをするにあたっては，届出義務が免除される場合（金融商品取引法4条1項ただし書）にあたらない限り，有価証券の発行者が，当該募集または売出しに関し，内閣総理大臣に有価証券届出書を提出していなければ，これを行うことができない（金融商品取引法4条1項本文）。投資者に投資判断に必要な情報を与えるためである。有価証券届出書には，有価証券の内容（証券情報）および発行会社の情報（企業情報）等の情報が記載される（金融商品取引法5条1項）。

イ．**誤　り。**有価証券の「募集」に該当すると，有価証券届出書の提出義務が課される（金融商品取引法4条1項柱書本文，5条1項柱書本文）。募集に該当しないものを「私募」という（金融商品取引法2条3項柱書）。有価証券の募集とは，新たに発行される有価証券の取得の申込みの勧誘であって，①「多数の者」を相手方として行う場合として「政令」（＝施行令1条の5。50名以上の者）で定める場合（多人数向け取得勧誘，金融商品取引法2条3項1号），および②多人数向け取得勧誘以外で，かつ，私募に該当しない勧誘をいう（金融商品取引法2条3項2号）。会社法上株主割当ての方法で株式を発行する場合でも，私募でない限り，有価証券届出書の提出義務が課される。

ウ．**正しい。**募集または売出しの届出前には，募集（金融商品取引法2条3項1号2号）または売出し（金融商品取引法2条4項1号）をすること（＝勧誘行為を行うこと）が禁じられる（金融商品取引法4条1項柱書）。十分な情報に基づかないで，投資の意思決定が行われるのを防止するための規制である。そして，届出は，内閣総理大臣が届出書を受理してから原則として15日を経過した日に効力を生ずる（金融商品取引法8条1項）。届出をしてからその届出が効力を生ずるまでの期間（＝待機期間）は，勧誘行為を行うことはできるが，投資者との間で有価証券の取得や売付けの契約（＝取得契約）を締結してはならない（金融商品取引法15条1項）。この待機期間は，①内閣総理大臣が届出書の記載内容を審査する期間として用いられるとともに，②有価証券届出書は公衆の縦覧に供され（金融商品取引法25条1項1号），この開示された情報に基づき投資者が有価証券を取得するか否かを熟慮するための期間である。

エ．**誤 り**。有価証券を募集または売出しにより取得させ，または売り付ける場合には，原則として，目論見書を「あらかじめ」または「契約締結と同時」に交付しなければならない(金融商品取引法15条 2 項柱書本文)。

以上より，正しいものはアとウであることから，正解は 2 となる。

問題 58

正解 **6**

本問のポイント 募集の意義

▼解　説▼

　有価証券の募集とは，新たに発行される有価証券の「取得の申込みの勧誘」であって，①「多数の者」を相手方として行う場合として「政令」（＝施行令１条の５。50名以上の者）で定める場合（多人数向け取得勧誘，金融商品取引法２条３項１号），および②多人数向け取得勧誘以外で，かつ，私募に該当しない勧誘をいう（金融商品取引法２条３項２号）。募集に該当すると，有価証券届出書の提出が必要となる。株式の発行がなされても，会社側からの有価証券の取得の申込みの勧誘（取得勧誘）がなければ，募集には該当しない。

ア．**該当することはない**。株式無償割当て（会社法185条）により，株主は，効力発生日に無償割当てを受けた株式の株主となる（会社法187条１項）。それゆえ，会社側からの取得勧誘（金融商品取引法２条３項柱書）がなく募集に該当することはない。

イ．**該当することはない**。取得請求権付株式は，株式会社がその発行する全部または一部の株式の内容として株主が当該株式会社に対して当該株式の取得を請求することができる旨の定めを設けている場合における当該株式をいう（会社法２条18号，107条１項２号，108条１項５号）。株式会社が，取得請求権付株式について当該株式の株主による取得の請求により，新株予約権を発行する場合（会社法107条２項２号ハ，108条２項５号イ，167条２項２号）には，会社側からの取得勧誘（金融商品取引法２条３項柱書）がないので，募集に該当することはない。

ウ．**該当することがある**。新株予約権無償割当て（会社法277条）については，会社側からの取得勧誘（金融商品取引法２条３項柱書）がないようにも思えるが，株式無償割当て（会社法185条）と異なり，新株予約権の取得勧誘に該当するとされている（開示ガイドライン２－３）。新株予約権無償割当てについては，新株予約権の行使時の払込みを考慮すると，投資判断のための情報開示が必要だからである。

エ．**該当することがある。**自己株式の処分（会社法199条1項）は，「取得勧誘類似行為」として，新規発行の有価証券と同様に「募集」の取扱いを受ける（金融商品取引法2条3項柱書，定義府令9条1号）。したがって，①多数を相手方として勧誘する場合（金融商品取引法2条3項1号），②私募に該当しない場合（金融商品取引法2条3項2号）には，募集に該当することがある。

　以上より，「有価証券の募集」に該当することがあるものはウとエであることから，正解は6となる。

 問題 **59**

正解 **6**

本問のポイント 有価証券の募集・売出し

▼解 説▼

ア．**誤 り**。有価証券届出書の記載内容の中心は，証券情報と企業情報である（金融商品取引法5条1項）。証券情報では，募集または売出しがなされる有価証券に関する情報が記載される（ex. 発行される株式の数・種類，株主割当てか第三者割当てかの募集の方法，発行価格，申込み・払込みの期日など）。発行価格については，たとえば，株式の時価発行を行うにあたり，届出書の提出時点では発行価格が確定していない場合がある（会社法199条1項2号払込金額の「算定方法」参照）。そこで，有価証券の発行価格の決定前に募集をする必要がある場合その他の内閣府令で定める場合には，当該募集または売出しに関する事項（＝証券情報，金融商品取引法5条1項1号）のうち発行価格その他の内閣府令で定める事項を記載しないで提出することができる（金融商品取引法5条1項柱書ただし書，開示府令9条）。記載を省略した場合には，その内容が決定したときに，訂正届出書を提出することになる（金融商品取引法7条1項前段，開示府令11条3号）。

イ．**誤 り**。有価証券の募集とは，新たに発行される有価証券の取得の申込みの勧誘であって，「多数の者」を相手方として行う場合として「政令」（＝施行令1条の5。50名以上の者）で定める場合をいう（多人数向け取得勧誘，金融商品取引法2条3項1号）。勧誘の相手方が50名未満である場合は，原則，私募（少人数私募）となり，情報開示義務は課されない（金融商品取引法2条3項1号）。しかし，情報開示義務が潜脱されるのを防止するため，ある発行が少人数私募にあたる場合でも，過去3か月以内に同一種類の有価証券について少人数私募による発行が行われ，合計して50名以上となる場合には，今回の発行にかかわる勧誘は「募集」に該当する（3か月通算ルール。金融商品取引法2条3項2号ハかっこ書，施行令1条の6）。また，勧誘対象者が50名未満の場合であっても，証券が転売を通じ多数の者に所有されるおそれがある場合には，情報開示義務の潜脱が生じてしまう。そこで，私募にあたるには，有価証券がその取得者から「多数の者に所有されるおそれが少ない」ものとして政令で定める場合に該当する必要がある（金融商品取引法2条3項2号ハ）。

ウ．**正しい**。適格機関投資家(＝証券会社，銀行等の投資にかかる専門的知識を有するプロの投資家をいう。金融商品取引法2条3項1号，定義府令10条1項)に限定して，既発行の有価証券の販売勧誘を行う場合には，適格機関投資家の情報収集・分析能力に照らし，一般投資者の場合と同様の情報開示による保護の必要性はない。そこで，プロ私募(適格機関投資家私募。金融商品取引法2条3項2号イ)と同様，有価証券届出書の提出義務が免除される。ただし，適格機関投資家に限定した勧誘であっても，転売を通じて適格機関投資家以外の一般投資者に譲渡されるおそれがある場合にまで，情報開示義務を免除したのでは，わら人形を介在させることで，情報開示義務の回避・潜脱を許すことになり適切でない。そこで，法は，①適格機関投資家のみを相手方として行う場合であって，②当該有価証券がその取得者から適格機関投資家以外の者に譲渡されるおそれが少ないものとして政令で定める場合に売出しにならない(＝適格機関投資家私売出し)としている(金融商品取引法2条4項2号イ)。

エ．**正しい**。発行価額または売出価額の総額が1億円未満の有価証券の募集または売出しは，原則として，有価証券届出書の届出義務が免除される(＝少額免除，金融商品取引法4条1項5号)。発行価額または売出価額の総額が少額である場合には，発行開示を強制してまで投資者を保護する必要性は低いし，他方，発行者に資金調達した金額に比して過重な経済的・事務的負担を強いるのは妥当でないからである。しかし，募集・売出し金額の細分化によって情報開示義務を潜脱するのを防止するため，1億円未満であっても一定の場合には開示義務が課される。たとえば，1年間通算して行われた募集または売出しが合計1億円以上となる場合，あるいは同一の種類の証券の募集・売出しが並行して行われ，その合計額が1億円以上となる場合などである(開示府令2条4項2号)。

以上より，正しいものはウとエであることから，正解は6となる。

本問のポイント　流通開示(継続開示)

▼解　説▼

ア．**誤 り**。上場会社その他の政令で定めるものは，有価証券報告書の記載内容
が法令に基づき適正であることを確認した旨を記載した確認書を当該有価証
券報告書等と併せて，内閣総理大臣に提出しなければならない(金融商品取引法
24条の4の2第1項，施行令4条の2の5第1項)。確認書の提出は，上場会
社その他の政令で定めるものに限られている。確認書制度は，有効な内部統制
が構築されていることを前提に，経営者自身に確認を行わせることにより，有
価証券報告書等の記載内容の適正性を高めることにある。

イ．**正しい**。流通性が高い有価証券は一般投資者の投資対象となり，財務内容の
正確性を確保する必要性が高い。そこで，金融商品取引法は，有価証券報告書
の記載内容に係る確認書の提出(金融商品取引法24条の4の2)および財務計算
に関する書類その他の情報の適正性を確保するための体制の評価制度の整備
(内部統制報告書の提出，金融商品取引法24条の4の4)を義務づけている。上
場会社その他の政令で定めるものは，事業年度ごとに，当該会社の属する企業
集団および当該会社に係る財務計算に関する書類その他の情報の適正性を確保
するために必要な体制について評価した報告書(内部統制報告書)を有価証券報
告書と併せて内閣総理大臣に提出しなければならない(金融商品取引法24条の
4の4第1項)。

ウ．**誤 り**。財務報告に関する内部統制の有効性に関する経営者の評価にかかわ
る内部統制報告書は，原則として，公認会計士または監査法人の監査証明を受
けなければならない(金融商品取引法193条の2第2項柱書本文)。他方，確認
書については，代表者が署名(最高財務責任者を定めている場合には，その者
の署名も求められる)し，有価証券報告書等の記載内容が金融商品取引法に基
づき適正であることを確認した旨が記載されるだけであり(開示府令17条の10
第1項，開示府令第4号の2様式)，公認会計士または監査法人の監査証明は
求められない。

エ．**正しい**。確認書および内部統制報告書は，いずれも公衆縦覧に供される（金商法25条1項5号6号）。有価証券報告書に係る確認書および内部統制報告書は，公衆縦覧期間が5年間とされている（金融商品取引法25条1項5号6号）。有価証券報告書の公衆縦覧期間（5年。金融商品取引法25条1項4号）との平仄を合わせたものである。

以上より，正しいものはイとエであることから，正解は5となる。

公認会計士短答式試験対策シリーズ

ベーシック問題集　企業法　第9版

2007年12月15日　初　版　第1刷発行
2023年12月25日　第9版　第1刷発行

編 著 者	Ｔ Ａ Ｃ 株 式 会 社
	（公認会計士講座）
発 行 者	多　　田　　敏　　男
発 行 所	ＴＡＣ株式会社　出版事業部
	（ＴＡＣ出版）

〒101-8383
東京都千代田区神田三崎町3-2-18
電話03(5276)9492(営業)
FAX 03(5276)9674
https://shuppan.tac-school.co.jp

| 印　　刷 | 株式会社　ワ　　コ　　ー |
| 製　　本 | 株式会社常　川　製　本 |

© TAC 2023　　　　Printed in Japan

ISBN 978-4-300-10999-1
N.D.C. 336

公認会計士講座のご案内

スクール選びで
合否が決まる!

[東京会場]
東京マリオットホテル

実績で選ぶならTAC!

令和4年度 公認会計士試験
TAC 合格祝賀パーティー

[大阪会場]
ホテル阪急インターナショナ

新試験制度制定後
2006年〜2022年
公認会計士論文式試験
TAC 本科生合格者
累計実績

9,717名

2006年 633名 + 2007年 1,320名 + 2008年 1,170名 + 2009年 806名 + 2010年 885名 + 2011年 554名 + 2012年 550名 + 2013年 458名 + 2014年 415名 + 2015年 372名 + 2016年 385名 + 2017年 352名 + 2018年 357名 + 2019年 360名 + 2020年 401名 + 2021年 289名 + 2022年 410名

TAC出版 書籍のご案内

TAC出版では、資格の学校TAC各講座の定評ある執筆陣による資格試験の参考書をはじめ、資格取得者の開業法や仕事術、実務書、ビジネス書、一般書などを発行しています!

TAC出版の書籍

*一部書籍は、早稲田経営出版のブランドにて刊行しております。

資格・検定試験の受験対策書籍

- ☢日商簿記検定
- ☢建設業経理士
- ☢全経簿記上級
- ☢税　理　士
- ☢公認会計士
- ☢社会保険労務士
- ☢中小企業診断士
- ☢証券アナリスト

- ☢ファイナンシャルプランナー(FP)
- ☢証券外務員
- ☢貸金業務取扱主任者
- ☢不動産鑑定士
- ☢宅地建物取引士
- ☢賃貸不動産経営管理士
- ☢マンション管理士
- ☢管理業務主任者

- ☢司法書士
- ☢行政書士
- ☢司法試験
- ☢弁理士
- ☢公務員試験(大卒程度・高卒者)
- ☢情報処理試験
- ☢介護福祉士
- ☢ケアマネジャー
- ☢社会福祉士　ほか

実務書・ビジネス書

- ☢会計実務、税法、税務、経理
- ☢総務、労務、人事
- ☢ビジネススキル、マナー、就職、自己啓発
- ☢資格取得者の開業法、仕事術、営業術
- ☢翻訳ビジネス書

一般書・エンタメ書

- ☢ファッション
- ☢エッセイ、レシピ
- ☢スポーツ
- ☢旅行ガイド (おとな旅プレミアム/ハルカナ)
- ☢翻訳小説

公認会計士試験対策書籍のご案内

TAC出版では、独学用およびスクール学習の副教材として、各種対策書籍を取り揃えています。
学習の各段階に対応していますので、あなたのステップに応じて、合格に向けてご活用ください!

短答式試験対策

・財務会計論【計算問題編】
・財務会計論【理論問題編】
・管理会計論
・監査論
・企業法

**『ベーシック問題集』
シリーズ** A5判

● 短答式試験対策を本格的に
始めた方向け、苦手論点の
克服、直前期の再確認に最適!

・財務会計論【計算問題編】
・財務会計論【理論問題編】
・監査論
・企業法

**『アドバンスト問題集』
シリーズ** A5判

● 『ベーシック問題集』の上級編。
より本試験レベルに対応して
います

論文式試験対策

**『財務会計論会計基準
早まくり条文別問題集』**
B6変型判

● ○×式の一問一答で会計基準を
早まくり
◎ 論文式試験対策にも使えます

・財務会計論【計算編】
・管理会計論

**『新トレーニング』
シリーズ** B5判

● 基本的な出題パターンを
網羅。効率的な解法による
総合問題の解き方を
身に付けられます!
◎ 各巻数は、TAC公認会計士
講座のカリキュラムにより
変動します
◎ 管理会計論は、短答式試験
対策にも使えます

過去問題集

『短答式試験 過去問題集』
『論文式試験必修科目 過去問題集』
『論文式試験選択科目 過去問題集』
A5判

● 直近3回分の問題を、ほぼ本試験形式で再現。
TAC講師陣による的確な解説付き

企業法対策

公認会計士試験の中で毛色の異なる法律科目に対して苦手意識のある方向け。
弱点強化、効率学習のためのラインナップです

入門

『はじめての会社法』

A5判　田﨑 晴久 著

● 法律の知識ゼロの人でも、これ1冊で会社法の基礎がわかる!

短答式試験対策

『企業法早まくり肢別問題集』

B6変型判　田﨑 晴久 著

● 本試験問題を肢別に分解、整理。簡潔な一問一答式で合格に必要な知識を網羅!

・2023年11月現在・刊行内容、装丁等は変更になることがあります
・とくに記述がある商品以外は、TAC公認会計士講座編です

書籍の正誤に関するご確認とお問合せについて

書籍の記載内容に誤りではないかと思われる箇所がございましたら、以下の手順にてご確認とお問合せをしてくださいますよう、お願い申し上げます。

なお、正誤のお問合せ以外の書籍内容に関する解説および受験指導などは、一切行っておりません。
そのようなお問合せにつきましては、お答えいたしかねますので、あらかじめご了承ください。

1 「Cyber Book Store」にて正誤表を確認する

TAC出版書籍販売サイト「Cyber Book Store」の
トップページ内「正誤表」コーナーにて、正誤表をご確認ください。

URL：https://bookstore.tac-school.co.jp/

2 1の正誤表がない、あるいは正誤表に該当箇所の記載がない ⇒ 下記①、②のどちらかの方法で文書にて問合せをする

★ご注意ください★

お電話でのお問合せは、お受けいたしません。
①、②のどちらの方法でも、お問合せの際には、「お名前」とともに、
「対象の書籍名（○級・第○回対策も含む）およびその版数（第○版・○○年度版など）」
「お問合せ該当箇所の頁数と行数」
「誤りと思われる記載」
「正しいとお考えになる記載とその根拠」
を明記してください。
なお、回答までに１週間前後を要する場合もございます。あらかじめご了承ください。

① ウェブページ「Cyber Book Store」内の「お問合せフォーム」より問合せをする

【お問合せフォームアドレス】
https://bookstore.tac-school.co.jp/inquiry/

② メールにより問合せをする

【メール宛先　TAC出版】
syuppan-h@tac-school.co.jp

※土日祝日はお問合せ対応をおこなっておりません。
※正誤のお問合せ対応は、該当書籍の改訂版刊行月末日までといたします。

乱丁・落丁による交換は、該当書籍の改訂版刊行月末日までといたします。なお、書籍の在庫状況等により、お受けできない場合もございます。
また、各種本試験の実施の延期、中止を理由とした本書の返品はお受けいたしません。返金もいたしかねますので、あらかじめご了承くださいますようお願い申し上げます。

（2022年7月現在）